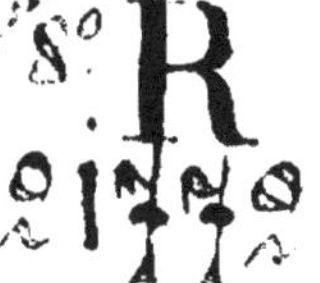

JULES CHRISTOPHE

AIDE-TOI !



EPINAL
IMPRIMERIE NOUVELLE, 10, RUE AUBERT

1907

# ÉMANCIPATION

# DU PEUPLE



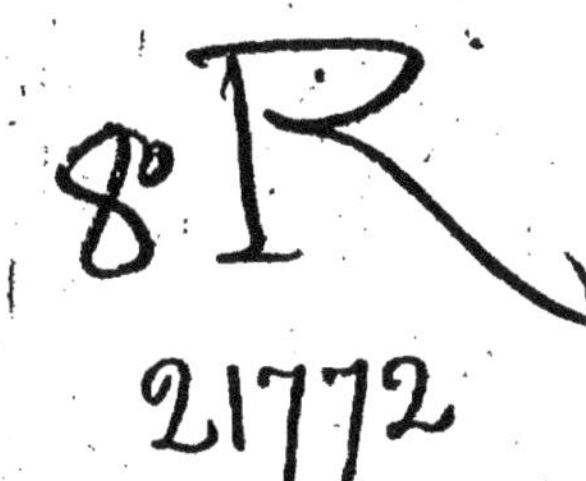

JULES CHRISTOPHE

## Étude Sociale (nº 1)

# ÉMANCIPATION DU PEUPLE





ÉPINAL
IMPRIMERIE NOUVELLE, 10, RUE AUBERT

1907

# Introduction

## La nature humaine. — Les dieux qu'elle s'est donnée. — Morale naturelle. — Devoir de tous dans la société.

Le fond de la nature humaine est égoïste, chaque individu ayant des besoins a toujours peur de manquer de quelque chose.

En fait d'amour, d'amitié, elle ne donne que son superflu, et encore le plus souvent dans un but d'égoïsme, de satisfaction personnelle.

Ses instincts sont divers. Chez quelques-uns, les faibles, les souffrants, les malheureux, un instinct de bonté affiné par la souffrance surnage ; chez les autres, c'est un instinct de haine contre les oppresseurs.

Chez les forts, un instinct de méchanceté, de lâcheté domine. Quoi de plus naturel pour eux afin de pouvoir subvenir à leurs besoins, à leurs caprices, à leurs fantaisies, que d'oppresser leurs semblables pour en retirer une situation avantageuse. Cette situation avantageuse, ils ne la quitteront plus, dussent-ils, pour y rester, recourir au crime. Ils s'inquiéteront fort peu si, pour un petit avantage, une petite satisfaction personnelle, ils mettent un de leurs semblables dans la peine, la misère ; si ce semblable même en meurt, pourvu que leur égoïsme soit satisfait, c'est tout pour eux. C'est l'instinct de la bête brute qui domine. Et nous voyons cela journellement chez les personnes au dehors séduisant, aimable, qui se servent d'appats pour attirer les naïfs hommes bons.

## Dieux. — Bases de morale. — Principes.

Parlons de morale. Elle est jolie la morale qui se fait journellement ; elle est au profit de celui au compte de qui elle est faite et souvent pour celui qui la fait. C'est un très bon moyen pour réussir à voler et à tromper ses semblables d'avoir des dehors de morale, de religion. Cela réussit ordinairement. Il y en a même qui arrivent par ce moyen à tromper les ministres des religions eux-mêmes, dont c'est le métier pourtant.

D'aucuns ont inventé un Dieu chrétien, catholique ; ils battent monnaie sur ce Dieu pour tirer cette monnaie aux naïfs qui sont nombreux ; le tour recommence tous les jours avec de nouveaux et anciens imbéciles.

Il en est de même chez le Dieu protestant, qui semble avoir un peu plus de raison que le Dieu catholique.

C'est drôle, n'est-ce pas, c'est le même Dieu qu'ils ont pour soi disant chef de file, malgré cela, ils se sont arrangés à en faire deux personnalités, à lui demander deux morales différentes qu'ils accommodent chacun à leur manière. Et ils s'imaginent que les gens sensés ne voient pas leur truc !!!

Ils ont toutefois quelques principes utiles, comme le respect aux parents, à la vie humaine, et ils ont emprunté aux anciens la devise : « Ne fais pas à autrui ce que tu ne voudrais pas qui te fut fait ». Ils renversent aussi cette devise : « Fais à autrui ce que tu voudrais qui te fut fait ».

Avec ces quelques choses, ils ont un tas de superstitions, de mensonges, d'hyprocrisies, qui font hausser les épaules lorsqu'elles ne servent pas de prétextes à des guerres de religion, à une inquisition féroce dans certains pays où ces gaillards, prêtres de cette religion, brûlaient les gens, les martyrisaient atrocement, etc...

D'autres, un Dieu juif, qui recommande au fond les mêmes principes que le Dieu chrétien, catholique, en plus la loi du talion que les catholiques et musulmans leur appliquent assez souvent !!!

Le Dieu mahométan est une copie du Dieu chrétien, mais ses adeptes sont encore plus sectaires que ceux des religions catholique et protestante ; ils martyrisent encore plus atrocement les gens qui ne croient pas comme eux.

Je ne puis comprendre qu'on ne supprime pas toutes

ces choses mauvaises qui n'amènent que des crimes dans la société, pour fonder une morale générale vraie, suivant la nature, conforme au bien et au progrès de l'humanité.

Il suffit de citer et d'indiquer les vices de la société, ses moyens et d'adopter quelques principes fondamentaux :

1° Tendre à plus de bonheur et de bien-être pour tout être humain ;

2° Tendre au perfectionnement de la race humaine par une éducation naturelle et rationnelle ;

3° Supprimer les principes de morale qui ne dérivent pas directement de la morale naturelle et humaine.

Posons quelques jalons à notre étude :

1° Que l'homme, pris au sein de la nature, soit élevé par sa mère et initié aux choses de la nature, à l'amour de ses parents, de ses frères et sœurs, de ses autres frères et sœurs qui forment sa localité, sa nation, qui forment les races et l'humanité entière, à la vie de tous les êtres, hommes, animaux, plantes; aux lois qui régissent les éléments et la nature en général ;

2° Qu'il naisse, vive et meure l'égal de son semblable;

3° Que les instincts mauvais soient redressés par une bonté naturelle et que la justice préside toujours à tous les actes concernant l'enfant comme l'homme ;

4° Que, puisque la nature peut facilement nourrir le genre humain, chaque homme, chaque être humain soit assuré de sa nourriture, partout où il se trouve, moyennant un minimum de travail fourni par lui en compensation ;

5° Que ceux qui ne peuvent travailler soient nourris par la collectivité, comme les enfants, les infirmes, les malades, les vieillards, à moins que leurs parents ne s'en chargent ;

6° Que chaque personne ait sa part proportionnelle des revenus de la terre, des biens de la terre ;

7° Que les malfaisants soient écartés et limités de la société ;

8° Que tous les paresseux, oisifs, riches ou pauvres, soient astreints à leur minimum de travail journalier, manuel ou intellectuel, suivant leurs aptitudes, partout où ils se trouvent, en paiement des bienfaits de la société à leur égard ;

9° Que les classes dans la société soient abolies ;

Que la tribu des longs nez soit l'égale de la tribu des courtes oreilles et réciproquement ;

10° Que chacun travaille journellement une part pour la collectivité afin d'entretenir, d'améliorer la chose publique, la terre, et d'aller vers le progrès, vers un état toujours meilleur de la société et qu'une sage réserve de la production soit faite pour l'avenir, pour l'amélioration de tous les genres d'industries utiles ;

11° Que l'éducation soit donnée par les meilleurs d'entre les citoyens, les plus sages ; car l'éducation prime tout et que cette éducation soit donnée à tous sans exception, de façon à ce qu'aucun ne puisse avoir le prétexte de ne pas la connaître pour s'ériger contre la société, et qu'un métier soit donné à chacun suivant ses aptitudes;

12° Que la justice soit aussi aux mains des plus sages, des vieillards, qui n'ont plus l'ambition ni les passions de la jeunesse et de l'âge mur ;

13° Que l'homme n'attente pas à la vie de l'homme sous prétexte de répression ;

14° Qu'on isole les hommes égarés ou mauvais ;

15° Qu'aucun homme ne soit inquiété par les conservateurs de la société pour ses idées de progrès, que la parole soit libre comme la pensée ;

16° Que tout homme de talent, de science et de travail qui a, par une découverte, avancé fortement le progrès dans la société, soit inscrit au livre d'or et que la considération de ses concitoyens s'attache à lui sans toutefois que ceux-ci se laissent absorber par lui ;

17° Que les grands voleurs soient atteints, qu'on leur fasse rendre gorge et qu'on les remette au niveau de tous les citoyens ;

J'entends par grands voleurs actuellement ceux qui gagnent plus de 10 francs par jour ; le surplus de gain de 10 francs par jour pour un individu est, pour moi, un vol fait aux autres membres de la société ; qu'on réduise donc ceux là pour compenser les salaires de famine de certains malheureux et pour entretenir ceux qui sont sans travail.

Qu'on commence donc par réduire ceux-là, qu'ils

soient industriels, commerçants, magistrats, juges, fonctionnaires, etc..., à une moyenne de salaire pour reporter leur surplus sur ceux du peuple qui sont dans la pauvreté.

18° Qu'on nivelle aussi les classes dans la société sans s'inquiéter des cris des classes riches, dites intelligentes, oui, intelligentes dans le vol de leur nécessaire aux pauvres gens

Allons sans crainte saper les abus, les vols sociaux ; arrêtons la spoliation du droit de tout le monde à une vie meilleure, plus humaine, moins esclave et n'attendons pas que le bon cœur du repus s'éveille pour nous donner un peu du bien terrestre. Ce bien il est à chaque homme en proportion de son unité, au marc le franc dans la société.

Un homme ne peut et ne doit être le maître d'un homme : ils sont égaux tous deux et la société seule a le droit d'en disposer.

Etablissons donc une nouvelle société, basée sur des règles de justice, de droit, de vérité et d'amour, et inspirons-nous des abus de la société actuelle, recherchons-les, avec ses mensonges, ses tromperies, ses iniquités, ses forfaits, de façon à en supprimer le plus grand nombre et leurs causes dans la cité nouvelle !

## CHAPITRE II.

### Les Dieux.

### Instruction des Enfants du peuple.

Tous les hommes viennent au monde tout nus avec les mêmes prédispositions naturelles, celles de vivre et de bien vivre, comme tout ce qui est dans la nature, animaux ou plantes.

Devant la nature, ils sont égaux et ont droit chacun à leur part de vie matérielle.

Qui les a créés et mis au monde ?

Leur père et leur mère sans contredit, comme tout ce qui existe, animaux et plantes, dans la nature qui les nourrit tous.

L'homme est tellement borné qu'il lui a fallu autre chose que cela. Les malins, exploitant la bêtise humaine, sa crédulité, sa peur des choses qu'il ne comprend pas, lui ont inventé des idoles, puis des dieux, puis un grand bon dieu, pour changer, le maître des autres bons dieux et créateur de toutes choses.

Cela n'a pas suffi. Vous rencontrez actuellement des gens inconscients qui en ont des quantités de bons dieux.

D'abord le grand, dont l'idée flotte vaguement dans

leur cervelle ; quelques fous illusionnés vous disent même qu'ils l'ont vu, qu'ils l'ont senti.

Où donc l'avez-vous vu, où donc l'avez-vous senti naturellement, bande d'imbéciles, où vous a-t-il touché, quel sens a-t-il remué en vous ?

Le sens de l'illusion, de l'imagination, de la folie ?

Dites-nous donc le sens que vous possédez en plus que les sens naturels. Vous nous faites rire !

C'est le sens du mensonge, de la tromperie ! Vous battez monnaie avec ce sens que vous agrémentez de charlatanisme, avec des oripeaux et une mise en scène vraiment adroite pour gruger les gogos, et burlesque pour les gens qui raisonnent tout simplement.

Et tous les ministres de toutes les religions et sectes font la même chose, emploient à peu près les mêmes moyens pour frapper les foules, comme le toréador emploie du rouge pour frapper la vue du taureau qu'il veut sacrifier ; les prêtres, c'est pour tirer vos ressources et vous dominer par la crainte, la superstition.

Ils ont fait de leur invention d'un bon dieu un métier qui leur rapporte gros.

Ils ont trouvé, sur leur chemin, un illusionné qui a prêché un tas de choses parmi les juifs ; ceux-ci l'ont pendu, puis l'ont accroché à une croix pour le faire manger par les corbeaux qui continuent à le manger encore maintenant, paraît-il, sous les espèces ou apparences du pain et du vin !! ; ces corbeaux exploitent ce misérable apôtre depuis longtemps, racontent ce qu'il a dit, ce qu'il a fait, ont bien soin de ne pas faire comme lui car il faudrait vivre dans la misère, coucher dehors par terre, souffrir et puis aller au ciel !

Cet apôtre, non content de voir des esclaves par le corps a inventé l'esclavage spirituel.

Non, ce n'était pas assez que les esclaves de son temps fussent des esclaves par le corps et de force. Il les a incités à se faire esclaves eux-mêmes par l'esprit, en leur disant de se laisser battre, humilier, voler, tuer et de pardonner après !

Voilà où je trouve la morale du Christ déplorable et idiote. Protestants et catholiques, prenez votre part.

Il me semble plus raisonnable de punir et de mettre dans l'impossibilité de nuire les batteurs, humiliateurs, voleurs, tueurs que d'élever un troupeau d'hommes à l'usage des forfaiteurs. Voilà mon simple avis.

Sectes et opinions politiques qui vous cachez pour vous réunir dans les ténèbres et combiner aussi la domination de la société, dites-nous qui vous êtes, ce que vous faites dans la nuit des idées ?

Pas grand chose de bon, sans doute. Vous tâchez aussi de tromper et d'asservir la pauvre humanité.

Il faut abattre, peuples, dans un moment, un éclair de raison, toutes ces religions et ces sectes et établir la religion de l'humanité simplement ; ne plus viser, dans vos aspirations vers les nuages, les chimères, mais vers le simple bonheur de l'humanité visible et réelle.

*A chacun son droit, son dû, sa part dans ce monde ; ceci est justice.*

Je veux l'égalité de tous les hommes et non plus cette bande de bons dieux qui exploitent les autres hommes, les dominent, les oppriment, les pressurent, les détruisent.

Je m'explique : On a trouvé le père bon dieu, qui est sourd et muet, qui a toutes les négations. On l'a fait parler, malgré tout, par l'organe des deuxièmes bons dieux, comme je pourrai les appeler, soit le pape, le fils de Mahomet, le grand rabbin, les grands ministres de toutes les religions alliés aux rois, aux empereurs et meneurs de peuples quelconques.

Le père bon dieu les a délégués dans ses pouvoirs de toute puissance, paraît-il.

Ceux-ci ont pris à leur service les troisièmes bons dieux que j'appellerai : ministres, évêques, propriétaires, voleurs des terrains des autres, industriels, voleurs du sous-sol et produits de la terre, grands commerçants, hauts fonctionnaires, preneurs d'argent qui ne leur appartient pas, juges, qui distribuent à leur gré la fortune et les biens des autres et en gardent une bonne part pour eux et leur gouvernement.

Il en fallait encore bien d'autres pour faire marcher les hommes bêtes.

Ceux ci-dessus ont pris à leur service les prêtres des différentes religions, des petits fonctionnaires de toute sorte, des commis, contre-maîtres, valets et domestiques, espions et traîtres.

Ils ont inventé l'armée avec cela pour faire marcher, travailler les peuples.

Et tous les gaillards ci-dessus, paresseux et oppresseurs, étant les plus nombreux et les plus forts et les mieux armés, se sont reposés tranquillement en faisant travailler, suer, peiner, souffrir, périr, les hommes bêtes. Et lorsque ces hommes bêtes, devenus hommes machines, ouvriers de toute sortes, ne peuvent plus guère travailler on les élimine, on les renvoie des usines et ces hommes n'ont plus qu'à mourir misérablement, faute de nourriture, de soins !

On les relègue quelques jours à l'hôpital où ils reçoivent le dernier bouillon !

Et pendant ce temps-là les premiers vivent dans l'abondance, le bien-être, l'opulence.

Autre chose, on a essayé d'instruire ces hommes bêtes depuis quelque temps pour qu'ils comprennent bien les machines et, chose inouïe, on en a vu dans le nombre qui comprenaient mieux les choses que les fils des juges, industriels, hauts fonctionnaires, fils de rois. Il y en a même eu qui ont fait des inventions surprenantes pour ne plus avoir si mal aux bras et gagner plus d'argent à leurs patrons.

Seulement on n'a pas bien démêlé l'instruction qu'on leur donne. Ainsi on leur dit *(voir la déclaration des droits de l'homme)* que tous les hommes naissent et demeurent égaux toute leur vie devant la loi et un tas de choses semblables, qui leur font venir l'eau à la bouche. Grave imprudence, ils ont pris cela pour de bon, tandis que ce n'est pas vrai du tout, du tout encore, puisque c'est le contraire qui se passe.

Lorsque les enfants de ces hommes bêtes ont quitté l'école, ils le voient de suite à l'atelier, à l'usine, et ils sont forcés de renier ce qu'ils ont appris à l'école, de désapprendre. Ils voient l'exploitation féroce et l'injustice qu'on leur fait.

Exploiteurs ! pourquoi mettez-vous des mirages devant les yeux des enfants du peuple : enfants pleins de générosité qui vous pardonneraient même une partie de vos privilèges, mais qui ne vous pardonneront jamais de leur avoir fait entrevoir un peu de bonheur pour leur retirer ensuite toute illusion et les écraser sous le poids de votre fortune et de l'organisation sociale. Vous les habituez par votre fausse éducation de l'enfance à supporter déjà le joug.

Pourquoi ne leur dites-vous pas la vérité telle qu'elle est dans la vie sociale ?

Serait-ce pour vous repaître de leur douleur intellectuelle lorsqu'ils constatent leur désillusion ?

Ou serait-ce inconscience de votre part ?

Vous voulez être maîtres, soyez logiques avec vous-mêmes ; n'appliquez que des principes d'autorité, de supériorité, de domination !

Ne mentez pas aux enfants du peuple, en leur faisant entrevoir de menteuses et hypocrites devises :

« Egalité de tous les hommes devant la loi. »

Mais la justice que vous avez instituée (qui pourrait être mieux dénommée par le nom d'injustice), vous la vendez et quiconque n'a pas de quoi la payer succombe devant elle et ne peut s'en servir dans ses revendications !

La donneriez-vous cette justice ; vous en êtes inca pables ! Car vos juges, d'où viennent-ils ? De votre sein, ce sont des bourgeois, fils de bourgeois comme vous. Et vous voudriez nous faire croire que ces hommes sont capables de rendre la justice entre un bourgeois et un fils du peuple, un ouvrier, un artisan, un paysan. Ils en sont incapables par leur tare originelle et condamneront toujours le faible à leur profit et au profit des leurs. Nous voyons cela continuellement. Ils sont juges et parties. C'est indéniable.

En outre, auraient-ils quelques instincts de justice vraie, ils ne pourraient les appliquer, ce serait leur ruine et celle des leurs.

J'estime donc qu'il y a lieu de réformer l'organisation sociale. J'en rechercherai les moyens vrais et les dirai seulement aux déshérités.

## Moyens

Et d'abord que les bourgeois commencent à produire par eux-mêmes, à faire un travail véritable.

S'ils avaient un peu de cœur, ils seraient assez fiers pour se dire : Nous voulons nous suffire à nous-mêmes, par nos propres moyens sans le secours d'êtres qui nous sont inférieurs, comme ils le prétendent.

Donc ils n'auraient pas besoin de valets, de domestiques et commenceraient par se servir eux-mêmes, entre eux, par se nettoyer eux-mêmes, par se donner à eux-mêmes tous les soins de propreté qu'ils réclament d'autres. Comme cela, ils seraient bien servis.

Allons, messieurs et seigneurs, commencez par cela. Vous n'êtes pas infirmes, que diable ! Nous verrons ce que vous saurez faire ensuite.

Commencez et continuez par laisser à chacun son dû. Respectez la personne humaine dans la femme pauvre et ne la violez pas en l'achetant, en la salissant, en l'infâmant, pour la rejeter ensuite au fumier. Ayez un peu de cœur, au moins. Laissez les enfants du peuple ensemble et ne les recherchez pas pour vos plaisirs, vos amusements, vos jouets, pour les rejeter ensuite au fossé ; ah ! bourgeois criminels, s'il vous était fait justice, il n'en existerait plus guère parmi vous !

La terre appartient à tous les hommes ; prenez-en votre part et ne vous emparez pas de la part des autres hommes ; montrez-nous, puisque vous n'êtes pas infirmes, que vous êtes capables de la faire produire par vos propres moyens plus que les fils du peuple ; entrez en lutte d'émulation avec eux, si vous le voulez.

Le sous-sol appartient à tous les hommes ; prenez-en votre part et montrez-nous que vous êtes capables d'en tirer par vos propres moyens industriels ou autres plus que les enfants du peuple.

*Et d'abord, rendez aux autres hommes ce que vous avez pris en plus de votre part de la terre. Rendez ?*

Tous les éléments appartiennent aux hommes, la science acquise aussi ; servez-vous de votre part et montrez-nous que vous nous êtes supérieurs.

Montrez-nous tout cela et nous vous montrerons aussi ce que nous savons faire nous-mêmes.

Entrez en lutte loyale avec nous et laissez de côté les vils moyens de vols adroits, de mensonges, d'hypocrisies, de rapines, de spoliation, de tueries du peuple.

*Peuples enfants, ouvrez votre esprit, ouvrez votre cœur !*

Que faites-vous agenouillés devant ce qui brille ; pourquoi admirez-vous vos charlatans, redevenez donc rois de vous-mêmes. Ayez conscience de votre dignité et que chaque homme se dise et le croie bien : Je suis l'égal du président de la République, du roi d'Angleterre, de l'empereur d'Allemagne, du tzar, de Rothschild, du pape, des milliardaires, des ministres, des généraux, des préfets, gouverneurs et de tout le reste.

Mettez ces gens-là en face de vous, sans crainte, sans peur d'eux ; ils sont plus faibles que vous, si vous le voulez bien ; faites-leur rendre compte des actes de l'autorité dont ils se sont emparé, ou qu'ils ont héritée ; jugez-les.

Les non criminels, laissez-les à leurs postes comme représentant momentanément les peuples ; les attentateurs aux droits du peuple, retirez-leur leurs postes, leurs emplois et mettez-les dans le rang comme tout le monde.

Les criminels. faites-leur justice.

Les monstres qui font détruire des milliers d'enfants du peuple, par leur faute, leur manque de jugement, de cœur, leurs mauvais instincts, détruisez-les à leur tour et surveillez leur génération en lui donnant une éducation opposée à celle de leurs parents ; vous n'avez pas à vous occuper de leurs cris, de leurs révoltes, du sang qu'ils cherchent à verser, faites justice ; cette justice n'appartient qu'à vous.

*C'est simple votre affaire :*

Unissez-vous tous, ouvriers, paysans, artisans, gens du peuple avec vos fils soldats ou employés des gouvernements, des administrations.

Vous n'avez pas besoin de verser du sang pour être rois ; erreur grave.

Vous n'avez qu'à inscrire volontairement vos noms sur les livres d'or du peuple comme quoi que vous êtes *citoyens populaires*. Vous vous compterez à la fin et vous verrez que vous êtes les 4/5 de votre nation.

Or, vous êtes le nombre : ça compte déjà; attendez tranquillement, soyez la force comme la vraie force de la nature, tranquille et calme.

Ne vous laissez pas acheter par personne, à quel prix que ce soit : vous n'êtes pas à vendre.

Laissez tout dire, cela ne compte pas; conservez seulement votre résolution.

Ne tremblez pas; une élection arrive, votez pour un des vôtres, le plus simple, le plus ferme d'entre vous; ne vous occupez pas s'il a des qualités brillantes; s'il cause bien; prenez un homme sincère, à esprit simple, bien résolu, c'est tout; et ne vous laissez pas subtiliser par un bourgeois ou un valet de bourgeois qui vous trahiront, comme ils l'ont toujours fait depuis le commencement des siècles, pour avoir votre part, qu'ils ont actuellement dans la société.

Votez pour tous les vôtres; ne vous occupez pas des cris des journaux qui sont tous bourgeois, tous montés et entretenus par l'argent des bourgeois et classes privilégiées.

Ne vous occupez pas des paroles des hommes du gouvernement, des religions, des vendus; ces gens-là ne font pas partie du peuple; ils font partie de leurs intérêts propres qui sont opposés aux vôtres.

Balayez-moi ces gens-là et votez comme un seul homme pour vos *citoyens populaires*.

Ne prenez pas de si hautes idées embrouillées de socialistes, anarchistes, communistes, unionnistes, blanquistes, séparatistes, lampistes, etc. Tout cela, c'est rien du tout. C'est fait juste, pour vous qui avez plus fortement l'habitude du travail manuel que du travail intellectuel, c'est fait tout juste pour vous embrouiller, vous tromper; croyez-moi; les malins bourgeois vous en fourrent dans leurs journaux, inventent des opinions, divisent l'opinion du peuple en un tas de petits paquets, pour eux s'unir et être les maîtres des petits paquets, voilà le truc.

Et vous restez gros Jean comme devant.

Ils continuent à faire les lois pour eux, à vous tondre et à bien vivre sur votre dos.

Les journaux que vous lisez, journaux faisant semblant de soutenir le peuple, sont montés par actions par les bourgeois; vous voudriez que ceux-ci qui tiennent les ficelles les fassent jouer pour vous, en votre faveur; si vous le croyez, vous vous trompez grossièrement. C'est pour vous endormir et vous reprendre encore le surplus qu'ils ont pu vous laisser.

C'est pour vous abrutir que sont faits leurs journaux. Assistez à un acte qui jette la défaveur sur le bourgeois; le journal tournera l'article concernant l'acte défavorable en acte favorable. *Vous ne verrez jamais un journal bourgeois donner raison à un ouvrier contre un bourgeois.*

On vous amuse par des contes de brigands, comme les enfants : l'histoire d'un assassin, d'un voleur d'enfant ; on fait une guerre pour distraire l'esprit barbare qui est toujours en nous, de façon à ce que l'esprit soit détaché des pensées sérieuses, bienfaisantes, humanitaires.

On traîne, on appuie sur ces articles; on vous endort et pendant ce temps là le bourgeois fait ses affaires sur votre dos, à votre détriment, et cela continue toujours comme cela; dors, peuple enfant ! dors !!

Et moi je te dis, veille sur toi, peuple, si tu veux conquérir ta liberté. Développe ton esprit, pense bien profondément, réfléchis et garde-toi de ce qui empêche le développement de l'esprit, son libre essor. Evite ce qui abrutit l'esprit, l'alcool et les boissons fermentées. Evite bien le mensonge et n'accepte jamais une idée, un raisonnement sans les vérifier. Puis lorsque tu auras trouvé un homme à l'esprit vraiment libre, sincère, qui n'est attaché à aucune religion, à aucun gouvernement, vote pour lui. Donne lui un mandat écrit pour qu'il s'en souvienne !

Vote partout pour des hommes semblables.

Rassemblez ces élus du peuple : ils feront des lois populaires, vraiment populaires.

Ils feront rendre gorge à tous les voleurs, élimineront du gouvernement les éléments pourris, gangrenés, les bourgeois et privilégiés.

Ils organiseront la société *commune*.

## La Commune

Et d'abord, en France, conserveront-ils le mode de gouvernement actuel ?

Pour moi, non ; ils élimineront tous les genres de gouvernements ordinairement établis.

Ils établiront la commune.

Gros mot laché. D'aucuns tremblent à ce mot.

— La commune de 1871 ? Pensez un peu ?

— La commune et l'anarchie !

Non, pas cette commune là.

Celle de 1920, la vraie, la bonne, la mûre, qui soit *commune à tous.*

Et voici comme je la comprends :

Vous êtes tous et chacun d'un village, d'une ville, d'une commune de France.

Or, dans votre village, vous avez vu fonctionner la commune bien organisée.

Celle-ci a des biens propres, des champs, des prés, des bois, des forêts et même des scieries et des usines, et quelquefois de l'argent prêté, des rentes.

Chaque ménage ou feu a droit à un champ, un pré, une part de bois appelée affouage.

Il paie une petite redevance à la commune pour entretenir les fontaines, lavoirs, chemins, ponts, maison commune, école, etc., c'est-à-dire pour entretenir et améliorer les choses communes. *Ceci est juste.*

Il y a un budget communal indiquant les recettes et les dépenses.

## Dans la Commune future

C'est cette commune que je demande de voir étendue pour toutes choses, pour tout le monde.

Je demande que la répartition ait lieu par habitant, par tête, au marck le franc.

Le chef de famille sera responsable pour les enfants et autres mineurs ; mais chacun aura la même part des avantages et des charges de la commune.

Je demande aussi que le sous-sol. qui appartient à tous, avec ses ressources, ses produits, soit donné en parts de revenus à tous les habitants et que, comme font actuellement les actionnaires des grandes compagnies de mines de houille, de cuivre, de fer, d'or, d'argent, de diamants, etc chacun ait sa part d'avantages et de charges, et qu'en fin de comptes les bénéfices soient partagés au marck le franc entre tous les habitants.

Je demande que les usines du gouvernement soient aussi évaluées en parts et que chaque habitant de France ait sa part sans pour cela partager réellement les usines, la terre, comme de gros malins veulent le faire croire pour ridiculiser l'idée de communisme, probablement parce que eux ou leurs ancêtres ont beaucoup volé et qu'ils ne veulent pas restituer à la masse ce qu'ils lui ont pris.

Voici ce qu'ils disent : allant aux extrêmes, à la folie, voulant faire croire que ce sont les autres qui sont fous quand eux sont iniques :

« Admettons qu'on partage aujourd'hui, moi qui suis économe (il ne dit pas voleur), j'en aurai plus demain que mon voisin l'ivrogne, j'en aurai plus que le prodigue qui aura semé sa part sur la route, l'aura donnée aux autres ; nous ne serons plus égaux le lendemain ; il faudra recommencer le partage. »

Et il se met à rire comme un gros bénet qui croit avoir trouvé la pierre philosophale : le raisonnement est simplement idiot.

Réellement, chacun n'aura que sa part d'avantages, de bénéfices, de surplus, et ce chacun fera de sa part ce qu'il voudra. Il n'aura qu'un revenu net au début.

J'en demande autant pour les forêts de l'Etat et autres biens : chacun aura ainsi sa part de revenu. *En un mot, puisque tout vient de la terre, les richesses découvertes et celles enfouies, chaque enfant de la terre aura sa part égale à raison de son unité.*

On conservera l'état actuel des impôts en attendant mieux ; de même pour les administrations qu'on modifiera au fur et à mesure.

Ensuite nous établirons nos comptes bien exactement.

Mais alors par ce système chacun aura sa part, chaque habitant de France aura sa part de revenus, de benéfices et de charges.

Mais non pas seulement ceux auxquels le gouvernement a donné des concessions de sous-sols pour mines etc., auxquels le gouvernement a concédé des places de faveur, des privilèges.

Nous abolissons les privilèges de tous. Pas comme en 1789 et la suite, où l'on a pris les privilèges de la noblesse, du clergé, des rois, pour les reporter sur la bourgeoisie, mais tous les privilèges d'où qu'ils viennent, ceux des bourgeois, des fonctionnaires, de l'armée, des ministres des cultes, etc. ; nous supprimons les places de faveur ; nous punissons les recommandations comme contraires à l'esprit égalitaire; il n'y aura plus de faveurs, ni de fils à papas, pas plus que de chers camarades. Nous ne connaîtrons qu'une chose; chacun à sa place selon ses aptitudes, son mérite, son talent.

S'il le faut, nous supprimerons encore les privilégiés qui s'insurgeront contre la loi commune, la violeront, attenteront à l'état social nouveau.

Maintenant chacun a besoin de ce qu'il a ou de ce qui doit lui revenir. On a tous besoin de vivre à peu près aussi bien les uns que les autres.

C'est pourquoi nous voulons l'égalité, la véritable égalité, que nous soyons bien tous égaux. Ceux qui ne tiendront pas à être égaux, iront chez les sauvages tâcher de leur prendre ce qu'ils ont et d'en faire des esclaves à leur façon qui travailleront pour eux; nous n'y verrons aucun inconvénient pour le moment, et nous serons débarrassés des voleurs.

Ils nous menaceront peut-être en partant; ils nous diront, sans doute, que nous n'avons pas d'argent, qu'ils emportent l'argent, les valeurs, etc.; que nous allons mourir de faim sans eux ! ! Bande d'imbéciles, il faut si longtemps au peuple pour trouver ce qu'il lui faut, pour remuer sa terre et en faire sortir tout ce qui lui faut pour sa vie corporelle; il faut si longtemps à l'ouvrier pour se fabriquer ce qu'il lui faut; il faut si longtemps aux fils du peuple pour amonceler des produits de fabrication que l'on vend dans le monde entier !

Il faut si longtemps aux fils du peuple pour comprendre le maniement des machines, eux qui les ont presque toutes inventées, les systèmes scientifiques quelconques.

Pour remuer vite les idées, pour établir sans entraves ou avec entraves et malgré les oppositions, une société nouvelle d'égalité fraternelle, de solidarité, de bonté vraie.

Pour faire faire un bond prodigieux au progrès et au perfectionnement intellectuel et moral de l'espèce humaine.

Avec quel enthousiasme ils travailleront au bonheur de leurs semblables !

Avec quelle abnégation ils donneront du leur pour le bien et le bonheur de tous !

Avec quelle noblesse de cœur et de sentiment, ils émanciperont et l'esprit et le corps de leurs frères timides et peu doués ; ils les élèveront à la vraie vie de l'homme libre, conscient et responsable !

Avec quelle audace ils marcheront à la conquête de l'inconnu pour la réparation des iniquités sociales faites avant eux et les répareront !

On ne verra plus l'homme obligé de mendier pour subvenir à ses premiers besoins ; il aura sa part, petite peut-être, mais sa part qui lui permettra de vivre avec un effort de travail machinal restreint, qui lui permettra de cultiver son esprit, sa pensée qui, à leur tour, donneront leurs beaux fruits et ces fruits viendront s'ajouter à la masse du domaine de l'esprit et du cœur ou du sentiment humain !

L'enfant aura le nécessaire, l'infirme sera entretenu, le vieillard pourra passer à l'abri du besoin les quelques années où il ne pourra plus travailler !

Le malade sera soigné et soulagé ou guéri.

Et une reconnaissance immense s'élèvera de tous les cœurs pour les initiateurs, les grands penseurs et hommes bons qui auront formé, qui auront jeté les premiers jalons de cet état social.

Et nous vivrons tous pour un, un pour tous suivant la belle devise de la solidarité humaine.

Les efforts ne seront pas comptés par les grands penseurs qui trouveront leur récompense dans l'œuvre accomplie et la considération de leurs concitoyens.

Et croyez vous qu il y aura besoin du fouet pour faire marcher tout ce monde ?

Détrompez-vous ; c'est chez vous, bourgeois cupides et insatiables, qu'il faut le fouet pour faire travailler les esclaves qui doivent produire pour vous donner le superflu, l'entassement de la fortune.

On a aboli l'esclavage corporel aux Etats-Unis, il y a soixante et quelques années; nous abolirons l'esclavage intellectuel, l'oppression de l'esprit et du sentiment. C'est moi qui vous le jure.

## Domination.

Il vous faut des millions, des milliards et encore des millions et des milliards pour satisfaire vos goûts de domination, vos plaisirs, vos caprices.

Et qu'en faites vous de toutes ces fortunes, de tout cet or ? Vous vous en servez pour subjuguer vos semblables, les faire travailler comme des bêtes de somme, abrutir l'esprit chez eux.

Pour supprimer le plus possible d'hommes libres en

bâtissant de nouvelles et immenses usines que le petit industriel ne peut plus concurrencer parce que vous l'écrasez par vos moyens iniques, perdant vous-mêmes un peu pour qu'il tombe.

Ameutant contre lui vos hommes d'argent, vos banquiers, vous avez inventé les syndicats de patrons d'industries pour écraser tout le monde, pour être les rois et les dispensateurs de tous les produits de la terre, de l'industrie et du commerce. Et vous ne voulez pas que les ouvriers se syndiquent.

Vous avez créé des trusts énormes pour que tout le monde passe par vous après avoir été rançonné, comme font les grands bandits. Et vous nous direz encore que vous faites le bien !

Arrière ! violateurs des grandes lois humaines naturelles, du droit des gens ! On pourrait vous demander des comptes, les peuples pourraient vous punir. Ils ne le feront pas, étant naturellement bons ; mais ils vous chasseront du banquet de leur vie. D'ailleurs vous vous êtes isolés vous mêmes et vous ne pouvez comprendre, avec vos esprits égoïstes, nos idées !

De quel droit avez-vous pris plus que votre part de la terre et de ses biens ?

Il faudra nous rendre compte de tout sous peu !

Dans votre orgueil, vous avez inventé le surhomme et vous croyez être chacun ce surhomme, qui doit dominer et anéantir l'autre homme, l'homme naturel comme nous. Quelle turpitude !!

Oh ! insensés, orgueilleux, l'homme véritable est celui qui aime son semblable, selon la vraie loi de la nature et non pas le monstre qui le dévore avec sa domination, ses machines et son organisation sociale qui le pressure, qui le tue lorsqu'il n'obéit pas exactement à ses lois draconiennes, faites pour lui.

L'homme vrai, humain est celui qui tend la main à son frère déshérité matériellement et intellectuellement, qui l'aide, qui lui porte secours, qui l'anoblit d'un rayon de sa haute pensée, qui le réchauffe de sa bonne amitié, de sa vraie aspiration au bien et par conséquent au bonheur !

C'est celui qui pleure avec lui sur ses misères ; qui le console au lieu de le frapper ; qui lui donne un peu de sa fermeté pour lutter dans les épreuves de la vie et aussi un peu de pain !

C'est aussi celui qui l'instruit dans le bien, qui forme en lui un idéal qui lui donne un peu de bonheur !

C'est encore celui qui travaille pour lui à la recherche de découvertes nouvelles qui abrégeront son labeur quotidien, qui le feront vivre plus aisément.

*Le surhomme, c'est l'homme bon, humain.* Comprenez-vous, maintenant. Le but est vers la bonté vraie, pas ailleurs ; sinon, c'est l'esprit des monstres, des méchants, du mal qui ne peut amener avec son essence même, *le mal, que le mal !*

Nous nous unirons dans ce but, dans cet idéal.

## Abus

*Raisonnement bourgeois.*

*La belle nation de paresseux que vous voulez élever là !*

Les paresseux sont chez vous :

Que faites-vous journellement ?

Votre principale préoccupation est de chercher les moyens de gruger plus ou moins adroitement les faibles, les ouvriers, paysans, artisans, enfants du peuple pour satisfaire votre rapacité, vos plaisirs, vos caprices.

D'ailleurs l'homme en général n'est pas né paresseux ; il a un besoin de travail ; presque tous recherchent un travail et ne pourraient vivre sans le travail qui est la base de tout.

Le travail est dans la nature de l'homme.

Et c'est pourquoi nous réclamons que vous travailliez d'une façon vraie, effective, illustres bourgeois, de façon que vous n'ayez plus de mauvaises idées, de mauvais instincts dépravés, que les maladies vicieuses et provenant de l'excès de bien être vous quittent.

Otez vos habits, vos uniformes et prenez la blouse et le bourgeron de l'ouvrier ; faites du travail pour votre pain quotidien.

Vous ne voulez pas ; nous saurons bien vous obliger à faire votre part comme nous.

Voyez d'ailleurs ce qui s'est passé pour les ministres des cultes. L'Etat a bien su les obliger à chercher leurs moyens de vivre.

Le peuple en fera autant pour les bourgeois paresseux et malfaisants comme ceux que je vais décrire.

On voit un très grand nombre de bourgeois qui ont, pour tout labeur, le soin de voir pousser leurs rentes; qui surveillent l'industriel, le banquier, le commerçant, l'artisan, le paysan qui les leur fournissent ;

Qui sont très exigeants, qui veulent du 10, du 12, du 15, du 20 pour 100 d'intérêts et plus de leur argent par an.

Voilà le travail de ces gens. Voir pousser leur argent, comme on voit pousser le blé, les choux, les *carottes*.

Pour toutes qualités, ils ont l'exigence, la rapacité, aucun travail, et ces gens-là sont très dangereuses dans la société, car elles se cachent derrière les banquiers, les industriels : Ce sont des anonymes irresponsables cachés, embusqués, qui surveillent les opérations des autres voleurs.

Lorsqu'on pressure l'ouvrier dans son travail pour lui faire suer ces gros intérêts; lorsqu'on l'affame avec un salaire dérisoire, c'est en grande partie ces gens-là qui en sont cause.

Ne peut-on limiter ces énormes dividendes pris ordinairement sur le salaire, le travail de l'ouvrier?

Etablir un taux légal, le surplus des bénéfices allant à la caisse d'amortissement, à des œuvres de bienfaisance et étant partagé entre tous les membres de l'usine.

Pour moi ce rentier paresseux qui ne peut rien faire par lui-même est un voleur; il est voleur caché, indirectement; mais il est voleur tout de même et je prétends que moralement il est plus voleur que le banquier et l'industriel qu'il force à voler pour lui.

C'est lui le chef des voleurs, des brigands, des affameurs, selon moi. Qu'en pensez-vous ?

Je ne dis pas qu'il est le seul voleur. — Non, loin de là.

Le banquier veut aussi sa part; il invente les commissions. Sans fournir un sou, il s'arrange encore pour tirer du 5 ou du 6 pour 100. On en a vu tirer du 15 pour 100 et ruiner leurs petits commerçants et industriels.

D'autres, plus malins, plus canailles encore, en forcer un de temps en temps au remboursement immédiat de son compte : lui faire déposer son bilan; lui faire vendre ses marchandises au tiers de leur valeur; faire acheter ces marchandises par ses autres clients, graisser ses autres clients comme cela pour continuer à faire marcher la machine de banque.

Voilà le tour joué. A qui le tour.

Voilà une entre cent des canailleries bourgeoises; je vous en réunirai une bonne quantité afin que vous vous mettiez sur vos gardes.

Voilà comme on arrange les fils d'ouvriers qui ont économisé quelque argent.

Ces banques sont la plupart de grandes sociétés anonymes, des trusts de valeurs.

Il ne faut pas chercher de conscience là-dedans; malheur à celui qui s'y fie.

Malgré leurs épitaphes trompeuses :

« Pour le développement du commerce et de l'industrie en France », société au capital de 30 millions, de 60 millions, de 150 millions, de 250 ou 300 millions.

Lisez plutôt : « Pour le développement de notre fortune au détriment des naïfs qui viennent à nous pour leur ruine. »

Elles attendent le moment propice où l'industriel, où le commerçant ont des embarras d'argent, se sont trop lancés en achetant beaucoup de marchandises pour fabriquer plus, comptant sur les crédits offerts par la banque.

(Celle-ci a eu soin, en prévision de son coup, de vous entourer de pièges en même temps comme l'araignée lorsqu'elle tisse sa toile pour prendre la mouche).

Au moment où vous avez des embarras, un employé vous prévient que la banque cessera toute avance, si vous ne remboursez une partie de votre compte ; vous remboursez une partie ; vous faites l'effort nécessaire ; on sait que vous n'en pouvez faire un second ; alors on vous demande le remboursement immédiat du tout.

Vous n'êtes pas prêt pour vendre des marchandises en suffisance pour régler ; vous demandez des délais ; on vous les refuse et malheur à vous si vous ne pouvez faire face à toutes vos échéances ; alors la banque en tête de vos créanciers qu'elle tient sous sa main par ses prêts vous fait des protêts et elle demande votre mise en faillite, au tribunal qui l'accorde toujours.

Car ces gens-là ne font qu'un ; j'ai connu un juge qui jugeait et était client et actionnaire, prêteur d'argent à la banque, demandant la faillite d'un commerçant !

*Une autre canaillerie.*

Un petit commerçant s'établit avec 20 ou 30.000 francs ; il travaille par lui-même, veut arriver, a de la clientèle ; il en a même plus qu'il ne peut en fournir : il s'adresse à la banque pour avoir du crédit ; celle-ci lui offre 50.000 francs de découvert chez elle, de parole, sans écrit.

Le commerçant achète et vend ; son affaire est bonne :

il fait du 21 pour 100 brut, ce qui lui fait du prix de l'argent qu'il a en découvert du 12 pour 100 net en bénéfices nets; il est forcé d'avoir un fort découvert en banque en rapport avec sa vente et ses achats.

C'est alors qu'interviennent les forts commerçants arrivés, ceux auxquels il enlève des clients ; ces forts commerçants, qui font quelquefois partie du conseil d'administration local de la banque, disent simplement ceci au banquier : « Si vous continuez à faire des affaires avec C..., nous serons forcés de vous quitter. C'est Canaille et Cie.

Ces commerçants font un fort chiffre d'affaires avec sa banque. Le banquier qui ne connaît que son intérêt, inquiète le petit commerçant, l'oblige à rembourser ; si celui-ci ne peut régler, c'est le moment de l'obliger, de le faire mettre en faillite sous la direction du fort ou des forts commerçants complices ayant intérêt à voir disparaître le petit commerçant.

Et tous ces gens-là croquent le petit commerçant ; ils achètent ses marchandises à vil prix.

Je vous en citerai des milliers de ces affaires vécues.

Il n'y a plus de place au soleil pour de nouveaux bourgeois, fils du peuple.

Tout aux hautes classes ? Tout doit retourner à elles, richesses, fortune, aisance, honneurs, domination ! tout à elles ; tout leur appartient.

Et vous voudriez qu'au jour du jugement on ait de la commisération pour des êtres aussi rapaces, qui interdisent, même à qui que ce soit, le droit, par le travail acharné, d'arriver à un peu de fortune, qui l'écrasent et le volent immédiatement !

Tout pour eux, à ces gens-là. C'est pourquoi nous les balayerons sans pitié, de quelque religion, opinion ou sectes qu'ils se réclament.

Ce sont des anthropophages, des mangeurs d'hommes et qui ne vivent que de ruines, que de sang.

Et le bon rentier prêteur à la banque applaudit ces coups, car il en vit de ces coups de canailles, il en retire un fort intérêt. Et puis cela donne de l'élasticité au marché.

La banque elle-même achète à vil prix les immeubles du failli qui lui conviennent ; elle fait le vide des acheteurs et malheur à qui la concurrencerait. Comme elle saurait le reprendre plus tard celui-là !

Elle loue ensuite ces immeubles de 10 à 15 %.

Le tour est joué. Le bon rentier prêteur pourra continuer à toucher 10 % d'intérêts de son argent à la banque, malgré que le taux légal du prêt commercial ne puisse dépasser 6 %.

Voilà comme cela se joue.

Du pauvre diable, ruiné, vendu, jeté au rebut de la société, on s'inquiète fort peu : il peut crever puisqu'il est vidé. Voilà l'oraison funèbre qu'on lui fait !

Et le gouvernement qui autorise des sociétés de banque de cette espèce sur tout le pays, qui rançonnent, pillent et volent le monde, voit tout cela.

Il laisse faire malgré les réclamations.

C'est un gouvernement bourgeois pourri comme ces manieurs d'argent. C'est un gouvernement de réactionnaires, composé de réactionnaires. C'est un gouvernement de recul.

Nous le ferons avancer malgré ses administrateurs. Il ne reculera plus, il avancera quelque rétif qu'il soit !

*Et d'un autre côté* ne faut-il pas que ses juges, ses militaires, ses fonctionnaires de toutes sortes puissent prêter à de forts intérêts le surplus de l'argent nécessaire à leur vie que le gouvernement leur donne au détriment des autres citoyens ?

Ne faut-il pas, qu'en dehors de leurs traitements, ils goûtent du gâteau social, qu'ils puissent, en bons bourgeois, augmenter leurs rentes, leurs plaisirs, en prenant sur le pain et la santé de l'ouvrier et de ses enfants ?

*Autre moyen de faire vivre les bourgeois :*

On fait une bonne guerre pour faire marcher les bourses du monde entier. Les fonds haussent dans les pays qui ne sont pas en guerre ; on ruine un peuple, une nation de temps en temps pour faire vivre les rentiers de tous les pays.

Du sang des enfants du peuple on s'inquiète fort peu ; c'est de la boue ! ça ne compte pas. Qu'on enterre cela vivement !

*Allons, enfants de la patrie !*

Montez-vous le coup. Courez garder l'argent de vos rentiers,

*Votre jour de gloire est arrivé !*

On va vous faire l'honneur de vous entretuer, enfants de deux patries.

Versez une larme en partant ; votre patrie vous regarde, Don Quichottes que vous êtes !

Pourquoi, pour qui allez vous vous battre ? Dites-le moi, au moins ! Le savez-vous ? Alors pourquoi faites-vous des choses sans les comprendre, sans les savoir, des choses idiotes, quoi.

Où allez-vous ?

*Le chef répond :* Nous allons châtier les arabes, qui n'ont pas les mêmes mœurs, la même religion que nous, qui ne veulent pas que nous allions chez eux prendre leurs femmes, leurs enfants, leurs biens, leurs terres, leurs récoltes.

Qui ne veulent pas faire du commerce avec nous ; qui ne veulent pas travailler pour nous.

Nous allons venger, nos amis bourgeois juifs qui ont trop volé là-bas et qu'on égorge.

Nous allons venger l'honneur de la France !

*Les soldats :* Vive la France !

Elle est jolie votre France ! Tas de meurtriers ! Laissez donc ces gens-là vivre à leur guise selon leur nation et vivez à la vôtre.

Ils ne veulent pas de commercé avec vous ; ils sont libres ; vous oblige-t-on à avoir des relations forcées. Ils ne vous ont jamais rien demandé. S'ils s'avisent jamais à vous faire du tort chez vous, défendez-vous, corrigez-les.

Maintenant, parce que vous êtes plus forts qu'eux, vous allez les tuer, en faire des boucheries et puis partager leur pays en zônes d'influence, sans doute !

Pendant que vous allez attaquer les autres, vous craignez d'être attaqués par votre fort voisin, comme vous avouez par là votre iniquité.

Enfants du peuple, qu'allez-vous faire là-bas ?

Tous les enfants des peuples, de toutes les nations, embrassez-vous ;

Ne vous battez pas, et laissez de côté les guerres, les tueries, les inventeurs de guerres !

Une chose bien simple : les inventeurs de guerres, qu'ils se battent entre eux, si cela leur plaît et qu'ils vous laissent travailler en paix pour vos vieux parents, vos jeunes frères et sœurs, vos malades, vos infirmes !

Et puis, chassez ces inventeurs de guerre avec tous leurs suppôts, leurs bandits, réléguez-les tous. Ce sont des monstres. Vous aurez fait l'œuvre la plus utile en faisant cela.

D'un autre côté, si un peuple ne veut pas se laisser pénétrer par votre civilisation, laissez-lui sa liberté : son temps n'est pas venu.

Ce temps viendra, les abus amèneront leur contrepoids forcé.

La justice humaine reprendra ses droits. Eduquez ces peuples par votre exemple sans pour cela vous mêler à leurs affaires intérieures.

Si quelques-uns viennent chez vous, faites-leur voir vos progrès, votre civilisation, votre bonté, votre éducation.

Si quelques-uns d'entre eux veulent bien s'instruire chez vous, instruisez-les autant que vous pourrez, sans les dégoûter de leur patrie où ils retourneront éduquer leurs frères.

Je vous dirai aussi, en dernier lieu, que, sous ce rapport, les gens que vous voulez convertir à vos idées, n'ont pas le même climat, la même nourriture, ne sont pas de la même race que vous et ont forcément des idées, une intelligence naturelles très différentes des vôtres et que par conséquent il serait bon de les laisser subsister selon leur nature comme ils vous laissent vous-mêmes.

Et puis, qui vous assure que vous êtes vous-mêmes dans le vrai. Vous êtes très souvent dans l'erreur.

Résumons la querelle : Vous marchez pour vos intérêts, contre ces gens, et rien de plus. Ne vous en cachez pas.

*Revenons aux abus dans la société.* — J'ai effleuré le rôle du bourgeois, du rentier, du banquier dans la société.

J'ai indiqué le tant pour cent du banquier, 5 ou 6 °/₀ de commission sans rien fournir.

Vient ensuite l'industriel, qui veut aussi sa grosse part : il est près du gâteau ; si le gâteau est encore assez fort, il y touche de temps en temps et avale encore facilement du 15 °/₀.

En outre, il y a le gaspillage, les pots de vin, les commissions qui représentent encore bien du 10 °/₀.

Les petits profits des principaux employés et enfin les miettes, les gratifications pour les employés et contre-maîtres, encore 5 0/0.

Quand aux vols indirects, adroits, mettons encore 5 °/₀.

Ce qui nous fait du 50 0/0 ou moitié du gâteau de pris.

Et toi, ouvrier ? Qu'auras-tu : il faut payer les matières premières ? les relations commerciales ? Tout bien compté, on ne peut guère te laisser que du 10 0/0 pour ton salaire.

Pense un peu, il y a presque autant de rentiers que

d'ouvriers. Il faut que ces rentiers vivent aussi. On te laisse le travail en partage. Ne réclame pas de travail, puisque tu en as.

Ne réclame pas d'augmentation de salaire, non plus; car, il faut vivre sobrement pour pouvoir bien travailler.

Tu es l'homme-machine, la marche de la société roule sur toi. Tu ne comptes pas. Nous te faisons l'honneur de te sacrifier.

Si tu réclames, tu auras la misère, le chômage; tu auras faim avec ta femme et tes enfants. On te reprendra à l'usine lorsque tu seras venu redemander du travail à genoux, lorsque tu seras épuisé ainsi que ta famille !

Lorsque tu seras vieux, on te jettera à la fosse commune, puisqu'on n'a plus besoin de toi ; ton fils et ta fille nous suffisent maintenant ; nous ne pouvons nourrir de bouches inutiles.

Et vous voudriez que cet ouvrier ne recherche pas un état de vie meilleur, qui soit en rapport avec ses aspirations, son état d'âme de bonté.

Les mauvais moyens d'obliger l'ouvrier en ont irrité le plus grand nombre contre leurs tyrans.

Ces ouvriers sont vos égaux par la nature, par le suffrage universel.

Je suis étonné tout à fait qu'il y ait encore un bourgeois dans les représentations nationales, députés et sénateurs.

Il faut croire que la bonté populaire a des racines profondes !

## La Guerre

Les luttes ordinaires ne vous ont pas suffi pour asseoir votre domination. Vous avez inventé la guerre, la grande guerre, les grandes tueries, les grands massacres, les grandes démolitions et destructions de toutes les choses utiles et nécessaires.

C'est la plus grande calamité qui existe. C'est la barbarie elle-même en grand.

Quand les potentats veulent de nouveau asservir les peuples, ils se déclarent la guerre entre eux, par là ils ramènent l'homme à la barbarie, aux mauvais instincts, ils en font une brute animale méchante, cruelle; ils ramènent l'homme à un bas degré de civilisation, dans le besoin, la misère.

En cet état ils peuvent facilement le dominer, le diriger, le conduire, en faire leur bête de somme pendant 20 ans au moins.

L'homme est obligé de refaire ce que la guerre a brisé, démoli, anéanti. Son travail et ses pensées sont tournées vers ces objets.

Remarquez que les bourgeois et privilégiés poussent à la guerre généralement pour pouvoir, dans le désordre, voler impunément les gouvernements auxquels ils fournissent tout ce qui leur est nécessaire.

Cela fait leur affaire, la guerre: on brise tout, on démolit tout.

Après, il faut tout refaire. Quels superbes bénéfices ils font en fournissant le tout.

A ces époques, le peuple est dans le besoin ; il ne peut réfléchir à ces choses, il ne fait pas le fier, comme ils disent, et il travaille pour le prix qu'on lui donne; il faut vivre et nourrir la famille.

Les bénéfices énormes vont toujours aux prêteurs d'argent, bourgeois et privilégiés, et les enfants du peuple regardant, se demandant s'ils sont bien de la même race que ces gens-là !

Oui, vous êtes de la même race; à part ceci; que vous êtes bons et qu'eux sont méchants ;

Que vous hésitez à faire du tort à votre frère, et qu'eux n'hésitent pas à lui prendre sa part, son bien ;

A part que vous ne voudriez pas faire du mal à un enfant, et qu'eux en font périr, par la guerre, la misère des mille et des millions, pour satisfaire leur cupidité, leur esprit de domination.

*Vous ne pouvez pas arrêter la guerre.*

Je vais vous en donner le moyen.

Faites donc une *Union internationale* entre toutes les personnes qui répudient la guerre. (Vous serez la majorité des peuples). Je ne vous dis pas de renier pour cela votre pays, votre patrie, — votre religion, vos opinions, vos autres idées. — On n'a pas besoin de renier père et mère et son pays pour avoir des idées d'opposition à la guerre. On entend continuellement les journaux bourgeois jeter l'anathème contre les hommes de cœur qui préconisent les moyens d'éviter les guerres. On les fait même mettre en prison, à l'occasion. Il peut se faire que leurs moyens ne soient pas trés bons : cherchons-en donc de bons.

Etablissez par un vote général libre, une espèce de référendum, l'opinion des hommes civilisés de l'Europe et des pays civilisés.

Sur la question de guerre.

*Y a-t-il lieu de la maintenir?*

S'il y a lieu de la maintenir on votera oui.

*Y a-t-il lieu de supprimer la guerre?*

S il y a lieu de la supprimer on votera oui.

*Ou voter sur ces mots* : *paix*, oui ou non ; *guerre*, oui ou non.

Dans le cas où la majorité est acquise à la paix, la guerre sera remplacée par un arbitrage international et tous les grands différents seront réglés par l'arbitrage.

Demandez aux journaux de l'Europe et des pays civilisés de faire cette consultation ; elle sera bientôt enlevée et nous en connaîtrons le résultat qui devra avoir force de loi générale internationale. Nous obligeons nos gouvernements à suivre nos votes !

Et certains monarques ne se retrancheront plus derrière l'opinion de leurs peuples pour maintenir la guerre.

Après cela vous aurez facile de boycotter la guerre ; vous serez l'opinion mondiale.

Lorsqu'un gouvernement échauffé voudra la guerre.

Vite le référendum ; en deux jours on connaît l'opinion du monde entier.

Si on a fait du tort à l'un ou l'autre des gouvernements en conflit, on le fait réparer obligatoirement et tout est dit.

*Nous ne voulons plus de guerre pour régler les différents des peuples, des nations.*

Que ceux qui en veulent encore se battent entre eux.

Mais nous allons nous garer de ceux qui veulent toujours la guerre.

Nous allons établir, à l'appui de notre arbitrage international, une force armée irrésistible, fournie par chaque nation ou peuple selon sa population, ses moyens, au maximum.

*Exemple :*

| | | | | |
|---|---|---|---|---|
| France..... | 100.000 | hommes et la | moitié de sa | marine. |
| Angleterre . | 100.000 | — | — | — |
| Russie..... | 150.000 | — | — | — |
| Suède ..... | 30.000 | — | — | — |
| Norwège... | 30.000 | — | — | — |
| Danemarck. | 30.000 | — | — | — |
| Hollande... | 30.000 | — | — | — |
| Belgique... | 30.000 | — | — | — |
| Suisse..... | 30.000 | — | — | — |
| Espagne ... | 50.000 | — | — | — |
| Italie...... | 100.000 | — | — | — |
| Etats-Unis . | 100.000 | — | — | — |
| Japon ..... | 100.000 | — | — | — |
| Allemagne . | 100.000 | — | — | — |
| Autriche... | 100.000 | — | — | — |
| Turquie.... | 20.000 | — | — | — |
| Bulgarie... | 20.000 | — | — | — |
| Perse...... | 20.000 | — | — | — |
| Grèce ..... | 20.000 | — | — | — |
| Portugal... | 20.000 | — | — | — |
| Ménélich... | 20.000 | — | — | — |

1.200.000 hommes sans compter les marines.

Ces forces ne seront pas immobilisées ; elles seront utilisées seulement dans les cas de besoin pour mettre à la raison tout peuple qui ne voudrait pas obtempérer aux décisions de l'arbitrage international. Il y aura aussi un suprême arbitre, s'il est demandé par les nations en contestation. Ce suprême arbitre sera désigné par elles d'un commun accord; il rendra sa sentence qui sera définitive et de laquelle la guerre ne pourra jamais sortir.

Il y aura lieu aussi de rassembler tous les israélites qui n'ont pas de nationalité et d'en former aussi un ensemble qui devra fournir pour sa part de protection son contingent de force armée. Il en sera de même pour tout peuple nomade qui voudrait se servir des avantages de la société sans en prendre aucune charge.

Ceci est justice!

## Edifions

Je vous ai indiqué, d'une façon succincte, comment tout s'arrangerait dans la commune.

Et pourquoi n'appliquerait-on pas ce système dans toutes les usines qui n'ont que des propriétaires anonymes.

Pourquoi la collectivité n'achèterait-elle pas, au début, à des prix raisonnables, par exemple, les chemins de fer de France, les grandes industries au fur et à mesure des déchéances, des besoins qui se feraient sentir et de ses moyens d'achat.

Elle pourrait racheter toutes les sociétés, industries, commerces montés par actions et obligations.

Elle grouperait les usines selon leur genre de fabrication de façon à les faire s'entr'aider.

Par ce moyen elle leur ferait donner un rendement supérieur en réunissant et sélectionnant leurs procédés de fabrication : l'action serait plus forte, plus suivie et le progrès économique plus intense.

Elle établirait la part de charges de chaque français et sa part de bénéfices par tête d'habitant ; elle répartirait les salaires de chaque ouvrier ou employé, ferait la part de l'amortissement, de la réserve et pourrait, au début, en fin d'année, selon la réussite de l'affaire, donner un tant pour cent de parts de bénéfices aux ouvriers et employés de l'entreprise.

Ensuite, elle établirait tous les moyens propres à assurer la vie de tous les êtres humains ainsi groupés, les garantissant, selon la mesure du possible, contre toutes les vicissitudes de la vie en assurant tout au moins la vie matérielle.

Elle pourrait plus aisément et à meilleure compte être son propre fournisseur pour tout ce qui lui faut, nourriture, entretien, habillement, logement, etc. ; routes, chemins, chemins de fer, armes, munitions de toutes sortes, navires, forts, maisons, casernes, monuments, machines et outils de toutes sortes, matériaux de construction. de fabrication, puisque presque toutes les matières premières lui appartiendraient.

On pourrait administrativement établir des groupements d'intérêts, de production, par localités, par région, selon les besoins et la bonne marche des affaires, des productions locales ou régionales.

Ce serait une décentralisation utile qui donnerait une nouvelle vie économique, intellectuelle à chaque région. On grouperait les productions de toutes les régions pour savoir s'il y a suffisance ou surproduction.

Pour les grands intérêts généraux du pays, il y aurait lieu de conserver une centralisatton très forte, par exemple, pour la défense nationale.

Voilà des points de vue.

Je ne puis établir toute une administration détaillée dans cette étude sommaire.

A la suite, je détaillerai dans de nouvelles études.

Les nouvelles inventions seraient le domaine de la commune, de la collectivité. De cette façon, l'actif de la commune augmenterait journellement et il arriverait un jour où tout serait rentré dans la collectivité générale et nationale.

Croyez-vous que la collectivité française se laisserait absorber par le gouvernement voisin ?

Détrompez-vous. Vous verriez d'ailleurs ceci : c'est que la moitié des habitants des pays voisins désireraient eux-mêmes notre état social, aspireraient à être comme nous-mêmes. Ils seraient une forte partie de l'opinion publique avec laquelle tous les gouvernements ont à compter.

Il y a 3,200,000 socialistes en Allemagne, par exemple ; combien y en a-t-il dans les autres pays voisins ?

Ces socialistes ont des aspirations presque semblables aux nôtres. Ce sont des êtres humains qui veulent émanciper leurs semblables, qui veulent l'accession de tous aux avantages sociaux.

Nous avons bien des aspirations, des sentiments communs ; cela nous fait des âmes semblables. Les âmes semblables s'allient toujours dans les moments tout à fait graves.

En outre, ce serait véritablement le peuple qui serait à la tête de ses affaires ; comme il les garderait ses affaires, ses intérêts avec un soin jaloux, avec beaucoup plus de cœur et de courage qu'il en mettait aupa ravant à garder les biens des bourgeois avant qu'il ne soit en commune.

Il défendait ses affaires, ses conquêtes morales, sociales, avec un courage, une énergie indomptable.

Vous avez vu nos paysans, nos ouvriers à la 1re révolution, croyant avoir conquis la liberté, l'égalité avec la fraternité, comme ils défendaient leurs conquêtes morales, l'intégrité de leur sol !

Les fils du peuple actuellement mettraient encore plus de courage que leurs ancêtres pour conserver leurs conquêtes morales et leurs biens, car ils sont instruits de ce qu'ils veulent, ils savent véritablement ce qu'ils veulent, ils connaissent bien l'état social qu'ils réclament et celui dans lequel ils retomberaient s'ils étaient jamais vaincus.

Mais le progrès, la vraie civilisation humaine peuvent-ils reculer ? Non ! En avant, les enfants du peuple, à la conquête des biens suprêmes, à la conquête de la dignité humaine !

Comme ce peuple s'instruirait, comme il travaillerait, comme l'effort commun vers un même but s'harmoniserait avec le bonheur humain !

Ce ne serait plus comme auparavant où l'esprit d'envie, de jalousie des uns envers les autres nuisait, détruisait une grande partie des choses utiles ; où les rancunes, les luttes de races, de classes, de partis, empêchaient tout progrès, c'est-à-dire l'avancement vers un état meilleur dans la société et amenaient quelquefois un recul dans la civilisation universelle.

*Avez-vous jamais vu des ouvriers en grève* défendre leurs libertés d'hommes libres (je ne parle pas de leurs intérêts qui ne sont plus alors que secondaires) ; les avez-vous vus ?

Contre eux, la force armée n'est rien ; comme on voit bien que cette force armée se sent dans son tort de se trouver là où elle n'a rien à voir, puisque c'est un conflit d'intérêts entre les ouvriers et leur patron ; ces hommes, formant la force armée, ne sont pas patrons ; ils représentent le gouvernement, les pouvoirs publics ; que viennent-ils faire là, alors ?

Ils sont comme honteux d'être ravalés au métier qu'on leur fait subir de domestiques, de sbires d'un patron.

Ils préféreraient certainement être à la frontière défendre, s'il était nécessaire, le sol de la patrie.

Ils sont commandés, ils doivent obéir !!

Que pensent-ils, ces hommes, au fond d'eux-mêmes, lorsqu'il faut tirer sur ces ouvriers, leurs frères ?

Quelles nécessités de la vie leur avez-vous faites, infâmes, bourgeois ?

Ces ouvriers comme ils ne craignent rien ; quoique désarmés, comme d'un élan de foi et d'enthousiasme, ils repoussent tout ; ils ont le vrai courage, le courage d'apôtres qui aspirent à une vie meilleure ; qui veulent cette vie meilleure surtout pour la donner à leurs semblables, à leurs enfants, par leurs sacrifices.

A ce moment, comme ils méprisent la mort ; ils conquièrent des adeptes à cette religion nouvelle dont ils ne connaissent pas encore le nom, mais qu'ils sentent bouillonner dans leur cœur et qui s'appellera : *Humanité, Amour des hommes.*

## Le Bourgeois

Le bourgeois est l'être égoïste par excellence. Ecoutez chacun de ses raisonnements ; ils sont tous faits pour lui ramener des avantages à son intérêt.

Les bourgeois, ne le croyez pas, ne sont pas une espèce à part dans l'humanité. Le bourgeois s'est formé de lui-même au début de la société et il se continue, se perpétue.

Il ne veut pas que vous deveniez bourgeois, vous, enfants du peuple : il n'est pas partageux, lui, soyez-en convaincus ; d'ailleurs, il vous le dira lui-même !

C'est un homme égoïste comme la plupart des hommes qui ont peur de manquer de quelque chose et qui entassent des biens terrestres pour eux-mêmes dans l'avenir, d'où leur vol de la part des autres hommes.

Ils oublient qu'il y a d'autres hommes qu'eux sur la terre. Non contents d'amasser des productions naturelles pour satisfaire les besoins de leur corps, ils amassent aussi la valeur des productions naturelles devant servir à la nourriture, à l'entretien corporel de leurs semblables ; voilà ou commence le crime et comment il se perpétue.

Ils convertissent les richesses naturelles en monnaies, valeurs, qu'ils conservent et dont ils se servent pour oppresser leurs frères pauvres.

Il ne faut pus chercher de sentiment humain chez le bourgeois, car s'il avait ce sentiment, il ne serait pas bourgeois : ce sentiment l'aménerait à avoir bon cœur et à partager son bien avec les déshérités. Causez lui de cela !!

Prenez sa vie, mais il ne partagera pas.

Presque tous les hommes aspirent aux richesses qui procurent le bien-être, la jouissance des biens terrestres et des plaisirs.

C'est une aspiration qui est née de l'état social ou l'on manque de beaucoup de choses parce qu'elles sont mal réparties, mal compensées.

On cherche tous à se les procurer, ces choses. D'où les provisions, les entassements de richesses chez certains au détriment des autres.

Avant d'aller plus loin dans la société, il fallait assurer la nourriture, l'entretien de tout le genre humain, ses besoins les plus pressants ; puis après seulement, il était encore temps d'amasser des richesses pour l'avenir.

Puisque, bourgeois, vous vous êtes emparé de tout, du travail, des hommes-machines, pourquoi ne suffisezvous pas à tout, aux besoins de ces hommes et de leurs familles jusqu'à leur dernier jour.

Vous refusez de nourrir le vieillard dont vous avez pris la sève de jeunesse, le travail ; vous refusez d'élever l'enfant dont vous vous servirez toute la vie ;

Vous refusez de soigner le malade, l'infirme.

Mais, bourgeois, laissez-leur le bénéfice de leur travail ; avec ce bénéfice, ils auront pour se suffire de tout, croyez-moi.

Avouez, bourgeois, que vous êtes indignes de conduire l'humanité, c'est pourquoi, nous vous retirons les pouvoirs avec les richesses que vous avez pris.

Les richesses, la terre, ses produits sont collectifs, appartiennent à tous d'une façon indivise ; mais chacun doit en avoir sa part de revenu pour satisfaire d'abord ses besoins naturels.

## Allons à la cité nouvelle.

Faisons un bon pas, tous d'accord, franchement, sans arrière-pensée, c'est moi qui vous y convie, bourgeois, mes frères fortunés, vers le collectivisme.

Ne méprisons pas tant ces pauvres ouvriers, artisans, paysans, etc., ils nous valent par le travail et leurs vertus. On sait bien qu'ils devraient [illegible] l'argent qu'on leur donne en salaire ; mais comme [illegible] leur en donne guère et qu'il faut vivre, excuson[illegible]

Montrons-nous intelligents et vous verrez les grandes victoires remportées sur l'ignorance, la méchanceté, les vices et les mauvais sentiments égoïstes. Comme vous serez heureux de sentir votre cœur remué du doux sentiment de l'amitié, de l'amour de vos frères.

*Il est temps.*

Car faites bien attention, bourgeois, lorsque vous aurez détaché presque complètement de vous le cœur des fils du peuple par vos exactions, vos injustices, vos vols sociaux, il ne sera plus temps pour renouer avec eux un semblant d'amitié.

Vous ne compterez plus pour eux.

Rien ne les arrêtera. Ils marcheront à la conquête de ce qu'on leur a pris au nom de leur religion nouvelle, l'Humanité;

Et cette religion sera plus forte que toutes les autres parce que les apôtres qui la répandront ne propageront que des sentiments humains, d'amour et de justice;

Parce qu'ils ne demanderont pas de récompenses pour leurs peines, leurs labeurs; ils ne demanderont pas de beaux palais, de belles demeures pour prêcher la vraie parole de vie humaine.

Ils demanderont simplement et ils auront le cœur des peuples, des humbles, des déshérités, des pauvres, des ouvriers, des artisans, des paysans, de tous ceux qui souffrent et qui ont le cœur humain et bon, de tous ceux que vous avez chassé du banquet de la vie. Et, d'un seul élan de foi et d'amour, tout ce monde se réunira pour vous balayer, avec vos morales égoïstes, comme le vent et la tempête balaient les brins de paille devant eux.

Attention; les idées vont vite maintenant; hâtez-vous de vous amender, de bien comprendre pourquoi l'homme doit vivre : pour rendre heureux ses semblables et diminuer leurs peines et non les pressurer et leur faire du mal pour en tirer des jouissances nouvelles !

Attention ! car une fois que gronde la colère, l'exaspération populaires, lorsque la coupe est trop pleine, il n'est plus temps les idées envahissent les cerveaux et la communication des pensées va vite, surtout chez le peuple que vous croyez inintelligent parce qu'il ne dit rien ; mais il agit vite, vite comme l'étincelle électrique qui embrase et illumine en un instant le monde, et vite démolit et rebâtit !

Ayez le mérite de rendre au peuple ce que vous lui avez pris au lieu de vous le faire arracher ; comme cela, il reconnaîtra encore son frère ami. Mais s'il est obligé de vous l'arracher, il vous considérera comme son ennemi acharné et vous traitera comme tel.

Attention, vous ne pouvez deviner, à l'heure actuelle (votre nature égoïste vous en empêche), malgré votre suffisance, où est la vraie intelligence ; pas l'intelligence rouée, roublarde, attrapeuse, menteuse, voleuse ; non pas cette intelligence-là qui s'effondrera au souffle de l'intelligence franche, aimante, humaine.

Attention, d'autres temps sont proches ainsi que d'autres hommes ; une nouvelle humanité d'égalité, de justice, de vérité se prépare : elle est à notre seuil ; elle entre chez nous tous les jours et absorbera tout avant peu.

Nous, nous lui tendons les bras, nous la recevrons avec plaisir, car elle nous rénovera, elle fera battre plus fort notre cœur, elle nous donnera plus d'amis et plus d'amour, but du bonheur de tout.

Ce sera le culte de l'humanité!

Et les apôtres de cette nouvelle foi innée auront formé des multitudes d'apôtres, contre lesquels l'esprit égoïste et de réaction ne pourra rien.

Acceptez, bourgeois, les temps nouveaux. Que dis-je? devancez les; rendez aux peuples ce que vous leur avez pris.

Mettez-vous de vous mêmes à la tête du mouvement; car ce mouvement aura bientôt lieu; si vous n'êtes pas avec lui, il vous écrasera.

Il ne vous sera pas plus possible de l'enrayer qu'il est possible à l'homme d'arrêter les flots de la mer, d'empêcher les nuages de marcher et la foudre de gronder.

Car cette grande force de l'esprit humain en travail, de l âme humaine en marche vers la lumière, la vérité, le bonheur, qu'aucune puissance ni force ne pourront arrêter, commence à apparaître et à se mouvoir dans sa voie.

L'esprit des ténèbres, de la peur, des superstitions, va être vaincu chez les enfants du peuple; ils vont marcher en avant; que dis-je, ils marchent déjà en avant avec la lumière d'amour qui les guide!

Que sera-ce lorsque leurs apôtres les auront initiés, instruits, leur auront montré le chemin.

Ce sera un immense rouleau, nivelant tout. Celui qui voudra lui résister sera écrasé!

*Ne croyez pas cependant ou ne semblez pas croire* que

nous démolirons jamais quelque chose d'utile dans la révolution que nous allons faire.

Non, nous conserverons tout ce qui est vraiment bien, bon, beau, noble, vrai.

Et nous ne vous conserverons pas, bourgeois, avec vos mœurs. Vous changerez !

Nous laisserons de côté les œuvres d'imagination fausses ; nous détruirons les choses mauvaises ; nous saperons les institutions iniques. Nous nous en prendrons le moins possible aux personnes, à moins que ces personnes ne soient tout à fait nuisibles.

Nous établirons la justice vraie, l'égalité vraie et un peu plus de bonne liberté avec de l'amitié dans la nation, parmi les hommes.

*La femme sera complètement émancipée, l'égale de l'homme; elle aura absolument les mêmes droits, devoirs et avantages que l'homme.*

Peut-on encore discuter là-dessus.

Parce que la femme est faible de corps, vous l'asservissez; elle est souvent plus forte que vous par le jugement, le sentiment surtout.

Elle a absolument droit aux mêmes avantages que l'homme dans la société, puisque, comme l'homme, elle est venue au monde toute nue aussi.

C'est un être humain, quoi ; vous ne le saviez pas!!! Et vous la laissiez dans un état d'infériorité.

Je ne puis recommander qu'une chose à la femme dans la cité nouvelle : C'est d'émanciper son esprit ; c'est de laisser de côté les œuvres d'imaginations fausses, superstitions, religions actuelles, sectes et partis qui la dominent comme un être oppressé qui a peur de tout et de ne connaître que le culte de l'humanité; de tendre au bonheur des hommes dans la famille, base de tout.

Qu'elle émancipe son esprit, je le lui répète.

Les enfants seront tous également éduqués, selon leurs dispositions, leurs aptitudes et les besoins de la nation.

Il en sera de même pour les hommes qui, jusqu'à ce que d'autres nations se soient formées en collectivité comme leur nation et aient formé une réunion de nations, auront l'impérieux devoir de garder leur pays, de sauvegarder ses institutions, de protéger ce pays contre les barbares, envers et contre tous.

Tout homme, sans exception, selon ses forces, sera bien instruit, au début, dans le métier des armes pour pouvoir, le cas échéant, sauvegarder son pays.

Des répétitions d'exercices militaires auront lieu cinq ou six demi-journées par an.

Car, je veux le citoyen collectiviste, communiste, tout à fait apte à se défendre, à défendre les siens et son pays.

Je me méfie trop des potentats qui entourent ma nation.

Je veux des citoyens forts.

Après, lorsque d'autres nations voisines auront suivi l'exemple de notre nation, se seront mises en communes, nous pourrons nous allier à elles et sauvegarder d'une façon plus certaine notre indépendance et la leur.

Nous continuerons à faire des alliances de cette sorte avec d'autres peuples ayant notre communauté de sentiments, d'institutions sociales.

Et de la sorte, lorsque la plus grande partie des peuples auront fait une union internationale, nous diminuerons nos frais d'administration, de défense, de guerre, comme on les appelle maintenant, nous désarmerons en partie, tout en continuant l'instruction militaire de tous nos jeunes hommes, de façon à ce qu'ils soient toujours aptes à nous défendre, si un retour de barbarie venait à se produire.

Nous reporterons au bien-être des citoyens de notre nation, les diminutions de frais occasionnés par nos désarmements, au bien-être surtout de nos vieillards et de nos déshérités.

Quelle ivresse emplira nos cœurs lorsque nous sentirons qu'aucun être humain ne meurt de faim, de froid, de privations, de misère; lorsque avec les peines du corps nous aurons adouci la plupart des peines de l'esprit et du cœur.

Comme nous nous sentirons allégés du poids mortel du remords qui nous reproche lorsque nous n'avons pas fait notre devoir, tout notre devoir, et ce devoir ne sera accompli que lorsque nous saurons que personne ne souffre par notre faute, notre négligence.

Comme nous serons heureux lorsque nos frères et sœurs plus faibles viendront à nous, nous remercier de nos peines pour eux.

Comme la vie sera douce pour tous dans le travail, l'union et l'amour, et comme elle sera plus facile, moins tourmentée, à l'abri du besoin !

# CHAPITRE III.

## Nouveaux Moyens

**Comment subviendrons-nous aux besoins de l'humanité dans la Cité Nouvelle.**

**Gouvernement de chaque nation.**

1° Nous nous servirons de toutes les ressources existantes de notre nation : car je n'envisage pas pour le présent.

La terre, notre mère à tous, est bonne.

Elle a toujours suffi pour subvenir aux besoins de l'humanité.

Il suffit de ne rien gaspiller pour que chaque être humain puisse vivre dans l'abondance de ses produits.

Il suffit de la cultiver, de l'ensemencer convenablement de plantes utiles qui nourrissent hommes et animaux.

Il suffit de faire un emploi utile de toutes choses, de ne rien gaspiller, d'utiliser tout produit.

Il suffit de savoir la diviser, approprier chaque sol à la plante qui lui convient suivant sa nature et le climat.

Le rêve de tout homme devrait être de faire produire

à la terre tout ce qui lui est nécessaire pour sa nourriture, son entretien, sa vie matérielle ; ou tout au moins, si le climat ne s'y prête pas, de lui faire produire la quantité compensatrice nécessaire à ses besoins, de façon que, par des échanges bien combinés, chaque homme puisse avoir à sa disposition les produits qu il désire, suivant ses appétits.

En faisant cela pour lui et les siens, il conquiert son indépendance matérielle dans la société.

S'il a obtenu un surcroît de production, il a travaillé pour les déshérités.

Il n'est pas quitte pour cela envers ses semblables ; moralement, il leur doit aide et protection.

Moralement il doit concourir à son perfectionnement intellectuel, à celui des siens et à celui de ses semblables.

S'il le peut, s'il a bien développé ses facultés, il doit aussi tendre aux progrès de l'humanité en cherchant et en trouvant des choses utiles, en instruisant ses semblables, en les éduquant surtout.

Il doit éviter tout ce qui peut lui nuire ainsi qu'à ses semblables. Il se doit aux siens comme à sa propre chair.

S'il agit ainsi, il sera un homme utile, vertueux ; il pourra servir d'exemple aux autres hommes ; il aura l'estime de tout le monde.

Ce sera un honnête homme qui aura passé sur la terre en faisant le bien, satisfaction suprême.

2° En mettant les biens et revenus en commun, on ne verrait plus une partie du pays riche, dans l'abondance quand l'autre partie est pauvre, dans la misère.

On règlerait les questions de productions moyennes, de façon qu'il n'y ait pas de trop fortes surproductions dans une récolte au détriment d'un autre produit qui ferait en partie défaut.

Il en serait de même dans l'industrie.

Fabriquer, c'est bien ; fabriquer beaucoup, c'est encore bien, à la condition d'avoir l'écoulement des produits fabriqués dans de bonnes conditions de prix ; fabriquer de trop amène l'avilissement des prix et la mévente.

Le commerce s'appliquerait aussi à ne pas surcharger le pays de marchandises qu'il ne peut consommer, utiliser. La mévente se ferait aussi bientôt sentir avec quelquefois le dépérissement des denrées.

Il faudrait régulariser tout cela.

Il n'existerait plus entre les citoyens de chaque région de la nation cette âpre concurrence qui existe actuellement : ce qui fait sacrifier (l'intérêt particulier s'en mêlant), dans les lois et règlements économiques du pays, les produits d'une région, en les *imposant* fortement de droits, et en favorisant, au détriment des premiers, les produits d'une autre région en les *détaxant*.

Ce qui fait que les citoyens de la première région sont dans la misère, quand ceux de la deuxième région citée sont dans l'abondance, ont les bénéfices en partie au détriment des premiers.

Ceci est injustice et amène des inimitiés, des haines entre les citoyens de différentes régions du pays et contre le gouvernement.

Cette manière d'agir pour moi n'est qu'un vol légal et une honteuse exploitation du plus faible, car il a fallu une majorité pour voter les lois spoliatrices ; vous pouvez être assurés que tous ceux qui ont voté ces lois ont auparavant cherché les intérêts de leur région et partant leur propre intérêt : d'où leurs votes iniques de lois spoliatrices.

Avec la collectivité nationale, ces abus, ces injustices disparaîtraient infailliblement ; car la commune générale se fournirait tout à elle-même ; les intérêts privés, locaux, régionaux disparaîtraient en grande partie.

Avec la commune, on ne verrait plus de luttes de classes, de luttes d'intérêts qui souvent amènent avec elles la ruine des uns pour l'enrichissement des autres ; dans ces luttes, une partie des intérêts se trouvent amoindris, diminués : autant de pertes pour la société.

Car a-t-on jamais vu de luttes quelconques ne pas amener après elles de pertes ?

Dans les petites luttes il en est de même que dans les grandes luttes de peuple à peuple, de nation à nation ; il faut user les produits péniblement amassés ; la lutte les use, les détruit.

Celui qui succombe est ruiné en matériel, denrées, objets et moyens de production, etc., en même temps qu'en hommes.

Celui qui est vainqueur n'en vaut guère mieux, il est usé aussi en grande partie. Toutefois, il a la piètre satisfaction d'avoir vaincu. Dans une grande lutte il recueille quelque hochet vide, soit une province ruinée. Dans une petite lutte d'homme à homme, ils sont affaiblis tous les deux. Un troisième larron serait facilement le maître des deux combattants après leur lutte.

Si chacun voulait bien rentrer en lui-même, il comprendrait cela : c'est monnaie courante.

Donc, puisque nous connaissons les inconvénients, les désavantages de cet état de choses, pourquoi ne pas y remédier le plus tôt possible, en faisant l'union dans le bien, en nous unissant tous pour la vraie lutte de la vie en demandant à la terre de quoi fournir tout ce qu'il faut pour la vie large et abondante du genre humain.

Pourquoi créer de nouveaux engins de destruction au lieu d'occuper les fabricants d'engins de ruine à un travail de production ?

Pourquoi tant de terrains incultes faute de bras quand les casernes regorgent d'hommes solides prêts à s'entretuer ?

Pourquoi tant d'oisifs rentiers paresseux ?

Pourquoi n'occupe-t-on pas tout ce monde-là à un travail utile, à produire.

Un bon coup d'épaule, peuples, à tout cela et vous aurez vaincu le paupérisme, la misère et la plus grande partie des calamités qui accablent la nature humaine.

Nous aurons encore assez de lutter contre la maladie, les épidémies et calamités naturelles qui viennent nous assaillir ; si nous ne pouvons anéantir celles-ci, nous aurons du moins la grande satisfaction de les diminuer après avoir diminué la grande somme de maux qui nous accablaient par notre faute et l'égoïsme des privilégiés.

Je ne puis comprendre que la société, les gouvernements puissent laisser à un homme plus qu'il ne lui faut pour subvenir à ses besoins naturels et ceux de sa famille.

Voyons un peu! Il y a des rois qui touchent 25 millions de francs (*25,000,000 de francs représentent par an la vie de 25,000 familles ; concluez).*

Qu'ont-ils besoin de tout cela ?

En estimant qu'ils ont un estomac deux fois plus grand que celui des autres hommes, il me semble, à moi, que 3,000 francs leur suffiraient pour acheter tout ce dont ils ont véritablement besoin ; mettez 3,000 francs pour leur femme et 1,000 francs pour chacun de leurs enfants, quatre enfants en moyenne.

En vivant en famille, ils feront encore de belles économies, s'ils le veulent.

Je leur fais la part large et belle ; car, en définitive, de quoi vivent-ils ? de pain, de légumes, de viande, de vin, d'épices, de quelque petite liqueur.

Leur vêtement, leur logement.

Que leur faut-il de plus ? Voilà pour la vie matérielle.

Mettons encore : 5,000 francs pour le tout, pour leur superflu : les livres, leurs études, etc.

Additionnons : 3,000 + 3,000 + 4,000 + 5,000 = 15,000 francs en tout.

C'est très joli. S'ils sont quelque peu économes, ils mettront encore de côté une bonne somme.

Ils sont libres de ne rien mettre de côté ; il ne faut pas que ce que je dis les oblige à mettre de côté : ils peuvent donner à un hospice de vieillards ou d'infirmes, ou à un hôpital, une crèche, etc.

Vous me direz : on ne trouvera plus de rois à ce prix-là. Que si donc, vous en trouverez et de très bons qui vous montreront comme l'on vit dans l'aisance et un peu sobrement.

Et puis, vous vous en passerez : vous aurez des crampons de moins.

Prenons un président de république.

Vous donnez combien à un moyen président de république : 1.000.000 de francs, par exemple.

Votre président doit être maigre à côté du roi.

Passons, donnez-lui 15.000 francs comme au roi. Vous en trouverez aussi tant que vous voudrez et de bons qui auront été habitués à travailler.

Combien donnez-vous à vos députés : chacun 15.000 francs. Je n'y trouve pas à redire : ils méritent autant que les rois et les présidents, quoi qu'ils n'aient qu'un seul estomac ordinaire comme vous et moi.

Vous leur donniez 9.000 auparavant. Vous les avez augmentés de 6.000 francs, m'a-t-on dit et 2.000 francs de retraite au bout de 4 ans de service.

C'est un peu trop d'un coup. Vous les auriez augmentés de 1.000 francs à la fois, cela aurait été suffisant pour le moment. Ils ne vous ont pas fait pour chacun 6.000 francs de bon ouvrage en plus. Vous allez un peu vite ; il est vrai qu'ils travaillent autant que vos présidents de toutes sortes, vos généraux, vos trésoriers, vos industriels, vos gros commerçants, fournisseurs et tant d'autres.

Mais pour compenser les affaires, ils devraient, eux qui tiennent le bon bout, vous augmenter tous de

6.000 francs chacun par an. J'espère que sous peu, ils vont réparer cette erreur-là : ils laisseront crier les gros capitalistes, les gros et gras bourgeois, les hauts placés, etc.

— Les contributions vont augmenter !

— Ce seront les ouvriers qui les paieront ; on diminuera leurs salaires.

— Cela nous est égal ; quand nous n'aurions chacun que nos 6.000 francs d'augmentation, nous nous passerions bien de vos salaires, bons bourgeois.

Nous allons voter pour tous des hommes qui nous assureront chacun 6.000 francs par an et puis nous vous laisserons crier. Quand vous serez las, vous vous tairez. Si vous ne voulez plus payer vos contributions, nous les paierons à votre place, et nous nous servirons de ce que vous détenez pour les payer.

Nous serons presque bourgeois comme vous ; donc nous serons égaux et c'est ce que nous demandons.

On n'entendra plus, comme l'autre jour, à la grève de Raon, les ouvriers réclamer contre les contributions. Ils pourront les payer.

Oui, l'autre jour, le 29 juillet 1907, un ouvrier maçon, brandissant deux maillets sur la tête du commandant de chasseurs de Baccarat, vint à moi, me dit son malheur : « il payait 2 fr. 25 de cote personnelle, il y a 15 ans ; il n'a pas de quoi faire pousser une troche de ciboulettes et on lui fait payer actuellement 17 francs et quelques centimes de contributions, ayant toujours le même mobilier. »

Je l'ai remis comme j'ai pu.

Pourtant j'ai vu le coup où, si le commandant n'avait pas été un homme prudent, malgré ses soldats qui étaient là, ce commandant aurait bien pu être assommé pour de bon, à cause des augmentations de contributions populaires !

Vous me direz que cet homme était un réclamant ; j'en conviens ; réclamait-il son dû ? Demandez-lui ?

Si vous l'augmentez de 5 ou 6.000 francs, il ne réclamera plus et paiera ses contributions de bon cœur.

Bourgeois, vous réclamez contre les députés qui, d'après vous, ont augmenté de 6.000 francs par an leur indemnité. Ils ont fait cela pour être bourgeois comme vous. Vous n'aimez pas la société à la table du banquet de la vie ? vous ont-ils fait du tort ? à moi, ils n'en ont pas fait.

Voici un proverbe ou une devise qui pourra vous consoler, si cela vous fait plaisir : « Un voleur qui en vole un autre, le diable ne fait qu'en rire ».

Riez en donc aussi.

Que sera-ce lorsque nous allons tous nous augmenter ?

*Vous, bourgeois, vous vous augmentez journellement à notre d'triment.*

Allons, enfants du peuple, prenez donc une bonne fois votre grand niveau et nivelez-moi tout cela, qu'il n'en soit plus question. Tout le monde sera d'accord.

Que chacun ait sa part, rien que sa part et que celui qui ne sera pas content s'en aille au pays des rois, des empereurs, des meneurs de peuples tâcher de tondre d'autres moutons que vous.

Nous les remplacerons facilement par de meilleurs, soyez sans crainte, que nous choisirons parmi ceux qui viendront à nous comme la nation de leur choix, de leur idéal, de leur rêve.

### DÉPENSES

Commencez par assurer 1 franc par jour à tous vos vieillards, en commençant par les plus âgés.

Autant à vos infirmes en commençant par les plus infirmes.

Autant à vos malades en commençant par les plus malades.

Autant à vos sans-travail en commençant par ceux qui ont le plus besoin.

0 fr. 50 par jour à vos enfants en commençant par les plus pauvres.

Ce n'est guère. Pourtant commencez toujours la première année.

Donnez à vos représentants le mandat impératif de régler déjà ces quelques questions.

Et puis nous verrons après.

Pour régler les dépenses ci-dessus.

### RECETTES

Retirez le surplus de 10 francs par jour de traitement à tous les fonctionnaires qui ont un traitement de plus de 3.000 francs par an, l'année de travail étant de 300 jours.

Vous les laisserez crier ; s'ils ne sont pas contents, ils peuvent quitter. Il y en aura toujours assez et de bons pour prendre la place.

Voilà mon idée ; elle est simple, elle est bonne, elle est pratique.

N'employez les surplus que je vous ai indiqués que pour les œuvres d'assistance que je vous ai citées avant ; car vos mandants, si vous n'y preniez garde pourraient bien employer ces surplus pour des objets autres que ceux-là.

Voilà une loi utile et simple.

Ce n'est pas plus malin que cela.

Vos asiles pour vieillards, infirmes ; vos crèches et vos écoles pour vos enfants ; vos hôpitaux pour vos malades, mettez-les tous à la campagne, dans des endroits sains, au milieu de grands jardins cultivés pour eux et par eux.

Apprenez un métier à chaque enfant abandonné pour qu'il puisse gagner sa vie et récupérer un peu ce que la société a fait pour lui.

Comme cela vous n'aurez plus besoin de donner des retraites à personne puisque tout le monde sera assuré de pouvoir vivre, modestement, c'est vrai, ses vieux jours.

### RECETTES

Employez donc aussi les fonds de retraite que vous donnez à vos fonctionnaires pour donner des retraites à tous les membres de la société ou des asiles de vieillesse.

Vous n'avez pas assez des réductions de traitements des fonctionnaires trop payés et des retraites que vous donnez à tous pour subvenir à l'entretien de vos vieillards, infirmes, malades et enfants.

Etablissez une caisse où tous les patrons, rentiers, banquiers, industriels et grands propriétaires seront obligés de verser en raison de leurs revenus, de leurs chiffres d'affaires, de leurs bénéfices.

Limitez les parts de bénéfices, de rentes auxquelles chacun aura droit pour vivre et faites verser les surplus à cette caisse, tout en assurant les réserves nécessaires au bon fonctionnement des entreprises et à leur progrès et vous aurez certainement de quoi faire vivre matériellement tout le monde.

Retirez toutes les concessions de mines et autres et exploitez vous-mêmes ; vous tirerez les bénéfices.

Voilà un premier pas de début ; faites-le d'abord, ce premier pas, et la suite viendra d'elle-même comme je vous l'ai indiqué, c'est-à-dire l'égalité vraie pour la vie de tous les enfants de la même nation.

Avançons, enfants du peuple ; remuez-vous et faites la loi par vos votes d'abord.

Organisez la société nouvelle par votre travail, votre intelligence, vos talents.

Ne comptez pas votre labeur ; vous en trouverez la récompense dans la satisfaction d'avoir bien fait, d'avoir créé un état social meilleur, dont vous profiterez.

Quant aux plus intelligents, aux plus travailleurs, à ceux qui ont le plus de talent, quand la société sera bien organisée, il pourra leur être fait quelques récompenses matérielles consistant en amélioration du bien-être, en liberté de travail plus grande, etc.....

Mais ces récompenses ne pourront jamais être qu'individuelles et viagères : elles ne pourront jamais s'étendre à d'autres individus que ceux qui ont rendu les services, car ce serait de nouveau ouvrir la place à la faveur, aux privilèges, à l'injustice !

Chacun, dans la cité nouvelle, sera l'homme de ses œuvres.

## Justice

D'abord, en quoi consiste la justice ?

La vraie justice, pas celle de convention, la justice que l être humain demande du fond de lui-même, la voici :

On lui a donné la vie, la nature elle-même lui a donné la vie ; personne n'a le droit de la lui enlever que la nature elle-même, et aucun être conscient ne doit aider la nature dans la destruction.

Donc, pour tout être humain, la vie doit être inviolable, et celui qui attente à celle de son semblable, de quelque manière que ce soit, commet un acte répréhensible, commet un crime.

Vous respecterez donc la vie de votre semblable, quel qu'il soit, fut-il un monstre, vous respecterez sa vie ; mais vous le mettrez dans l'impossibilité de nuire de nouveau à un être humain.

Au déclin de la vie, la nature reprendra le monstre et justice sera faite. Quelques êtres pervers dans la société indiquent la valeur de la vertu, ses bienfaits, et pourtant l'on s'en passerait bien ; mais il faut prendre le monde tel qu'il est, en l'améliorant si possible.

La vie de l'homme sera respectée dans toutes ses manifestations.

Elle sera entretenue, améliorée par la société, et ce sera un devoir pour chaque être humain d'aider à la vie, à la santé corporelle et spirituelle de son semblable.

En aucun cas, lorsqu'il en est besoin, un homme ne doit se désintéresser de la vie, de l'amélioration de la vie de son semblable, et il doit risquer sa propre vie pour sauver celle de son semblable, ou lui éviter un accident grave.

Voilà le devoir humain ! Il est réciproque ; il est juste !

* * *

L'enfant sera élevé par sa mère ; le père contribuera dans la mesure du possible à ce qui sera nécessaire à la femme et à l'enfant ; rien ne les en dispensera, à moins que les maladies, les infirmités, etc. ; faute des parents, les enfants seront élevés par la société.

Ces devoirs étant réciproques, sont justes !

* * *

Les frères et sœurs se prêteront aide et assistance, lorsqu'ils le pourront, mais pas contre les autres membres de la société ni à leur détriment, ni à celui de la société ; tous les membres s'entr'aideront dans le progrès, la civilisation, pour un avenir toujours meilleur ; les biens seront communs ; chacun devra tâcher de les améliorer, la nation, la société formant la grande famille humaine.

* * *

Chaque être humain devra, selon ses moyens, ses aptitudes, contribuer au bien être matériel, au développement de l'esprit et des vertus sociales de son semblable.

Il devra naturellement se perfectionner lui-même continuellement.

Ces devoirs étant tous réciproques, sont justes.

* * *

Il n'y a pas à compter, pour qu'il y ait justice ; combien de fois vous avez rendu des services à vos semblables, et combien de fois ils vous en ont rendu pour continuer vos services dans la société.

Il peut se faire que vous en rendiez le double à un moment, qu'un autre homme, parce que la nature vous a mieux doué ; vous ne devez pas vous en prévaloir, mais en être heureux.

Mais qui vous dit que votre père lui-même n'a pas été redevable envers la société ou votre mère ; ou votre fille ou votre fils ne le seront pas.

Agissez donc toujours bien sans peser vos bonnes actions ; hâtez-vous même au début de la vie de les amonceler, ces bonnes actions, car qui vous dit que plus tard vous pourrez encore en faire ? que vous aurez la santé, l'esprit, la force !

Remplissez bien votre vie pour votre contentement personnel et vous serez heureux !

* * *

Notre société doit être un tout homogène où toutes les parties seront bien combinées, où tous les organes fonctionneront de façon à s'entr'aider continuellement.

## Image de l'état social nouveau

A la tête les grands juges ou chefs de chaque organisation gouvernementale. Aux plus dignes, aux plus sages :

Chefs de la vie de la nation ;
Chefs de chaque corps de métier ;
Chefs de chaque profession ;
Chefs de chaque genre de travail ;
Chefs de chaque genre de travail manuel ;
Chefs de chaque genre de travail intellectuel ;
Chefs de chaque genre de travail manuel et intellectuel à la fois, *sciences*, *arts*, *vie*, *défense nationale*, *police*, *etc*....

## Organisation de la vie matérielle

Dans chaque localité, il y aura un conseil élu par tous les habitants, hommes et femmes, ayant atteints l'âge de dix-huit ans. Tous seront éligibles.

Ce conseil sera chargé de répartir le travail journalier ; il s'assemblera tous les jours à la fin de la journée à la maison commune ou sur la place publique.

Les habitants aussi s'assembleront sur la place publique ou sur la place des jeux publics.

Lecture de la distribution du travail du lendemain sera faite aux habitants et le rôle de chacun sera indiqué.

Ensuite, les jeunes gens égaieront la société par leurs jeux, leurs chants, etc.

Les amusements publics seront divers selon le goût de chaque personne.

De grandes récréations auront lieu deux fois par semaine, le jeudi et le dimanche ; représentations théâtrales, conférences, cirque et jeux d'ensemble.

Il sera fait chaque deux jours une conférence morale, économique, politique.

Chaque corps de métier recevra des instructions au sujet de son genre de travail.

Les enfants seront tous instruits également selon leurs moyens, leurs aptitudes, leur intelligence, leur mémoire, leurs facultés intellectuelles, ils seront dirigés dans les voies ou corps de métier qui leur conviennent. Tous devront connaître le travail de la terre et avoir un métier manuel à leur disposition.

Chacun travaillera de son métier le nombre d'heures nécessaires aux besoins de la collectivité dont il fait partie. Il devra en outre donner une heure de son travail par jour pour subvenir aux besoins des déshérités et pour la défense et le bon fonctionnement de la grande collectivité nationale.

Un jour par semaine sera consacré au repos. Une instruction morale sera donnée dans la matinée et l'après-midi sera consacré aux jeux, aux amusements de toutes sortes de manière que chacun en profite.

Chaque petite collectivité devra se suffire à elle-même. Ce qu'elle ne pourra produire elle-même lui sera fourni par la grande collectivité au prix de revient au moyen d'échanges en argent ou en produits naturels ou fabriqués.

Les mines, métaux et produits du sous-sol seront mis sous la garde de la grande collectivité qui en dressera inventaire de façon à pouvoir représenter le surplus, ce qui n'aura pas servi à l'usage de la nation.

Elle en tiendra un compte exact et sévère.

Les métaux et objets précieux seront aussi sous sa garde. Elle en tiendra aussi un compte exact et sévère.

Les monnaies et objets servant aux échanges seront aussi fabriqués ou émis par elle.

Elle en tiendra un contrôle exact.

Elle ne laissera rien dépérir. Les personnes dans chaque service, dans chaque métier, etc., seront responsables.

Les produits du sol périssables seront utilisés pour les besoins de chaque personne. Ils ne devront pas être perdus ni gaspillés, s'il y a surproduction, on changera le surplus en produits industriels.

Les produits d'une durée plus longue seront utilisés aux besoins de chaque individu de façon à ce que chacun ait absolument son nécessaire.

On les convertira, suivant les besoins, en aliments

utilisables : le blé en farine, la farine en pain. On conservera la viande, le poisson, les légumes, s'il est nécessaire.

Les produits des différentes régions seront échangés par les soins de la grande collectivité.

L'industrie nationale sera faite selon les produits de chaque région et selon les besoins de tous les habitants du pays.

Les grands centres, les grandes agglomérations seront, selon les besoins ou l'avantage général, divisés en corps de métiers, en sections administratives.

Chaque corps de métier sera organisé et aura une vie spéciale.

Chaque section sera régie de façon à ce que son administration, à part certains règlements locaux, concorde avec l'administration générale de la cité et de la nation collectives.

On pourra établir dans les grands centres d'industrie de vraies républiques de métiers, de profession, dépendant naturellement de la collectivité générale.

Dans la législation, il sera tenu compte des coutumes et usages locaux et régionaux, du climat, des mœurs, de façon que chaque être humain puisse vivre d'une façon normale, naturelle le plus possible. La loi générale obligera impérativement tout être humain, homme, femme, chacun suivant sa force et tous ses moyens, à la défense de sa commune et de tout ce qui dépend de la collectivité nationale. On ne discute pas ces choses là : on y va, on y court.

Tout sera exploité et converti en produits industriels

sur place, à moins de besoins pour échanges internationaux.

La grande collectivité pourra naturellement échanger du fer pour du coton, des produits des îles, etc., qui sont nécessaires à nos industries nationales pour nos besoins personnels.

La vie et le commerce extérieurs seront aussi intenses et même plus intenses qu'actuellement ; les marchés se faisant en grand se feront à meilleur compte. Et puis le travail étant régularisé et réparti entre tous les citoyens sera plus productif tout en étant journellement moins long qu'actuellement pour les ouvriers en général.

Personne n'aura le souci de faire des économies personnelles puisque tout sera fourni par la collectivité qui nourrira, entretiendra tout le monde, les hommes, les femmes, les enfants, les malades, les infirmes les vieillards.

Chacun aura le nécessaire et il ne pourra être économisé pour la collectivité générale qu'autant qu'il sera prouvé qu'aucun être humain n'en pâtit.

Je comprends très bien que la collectivité générale fasse des réserves de produits en cas de besoin.

Ceci même je le souhaite.

Car je ne demande pas qu'elle fasse comme les gouvernements actuels qui se sont remplis de dettes pour pouvoir conserver par la force, la grandeur de leurs armées, leur semblant de vie factice.

Nous, nous voulons une vie naturelle, coulant d'elle-même. Nous ne voulons pas manger plus que nous produisons.

Nous ne voulons pas la bombance comme les grands, les riches de la terre, dépenser des sommes folles pendant que les autres périssent de misère !

Nous voulons vivre d'une vie simple, tranquille et calme, avec des amusements peu dispendieux.

Nous ne voulons pas amoindrir la production par les luttes, les concurrences inutiles, la destruction de choses utiles.

Au contraire, nous voulons tous travailler la main dans la main, par l'union, en formant la grande famille nationale, puis, lorsque nous le pourrons, en faisant la grande famille humaine universelle !

Oui, je demande que la collectivité fasse des réserves en produits naturels, industriels de toutes sortes, en métaux précieux indiquant la valeur, en valeurs mêmes.

Je veux bien tout cela, à la condition que personne n'en souffre dans sa vie matérielle, ne manque du nécessaire.

Il faut garder une poire pour la soif

Je veux même bien que ma nation soit la plus riche des nations, la plus prospère, ce dont je ne doute pas un seul instant par suite de sa force collective.

Mais je demande surtout qu'elle soit la plus sage, la plus juste, la plus aimante, la plus douce, la plus belle, la meilleure.

Que ses enfants s'aiment entre eux.

Qu'ils montrent la voie aux autres nations pour former l'humanité, unie dans un bonheur relatif, car le bonheur ne peut être en raison de l'imagination qu'on peut s'en faire

Si nous avons assuré à chacun le bien-être, nous aurons accompli l'œuvre de la nature qui nourrit chaque être et chaque plante qu'elle enfante et nous aurons bien mérité.

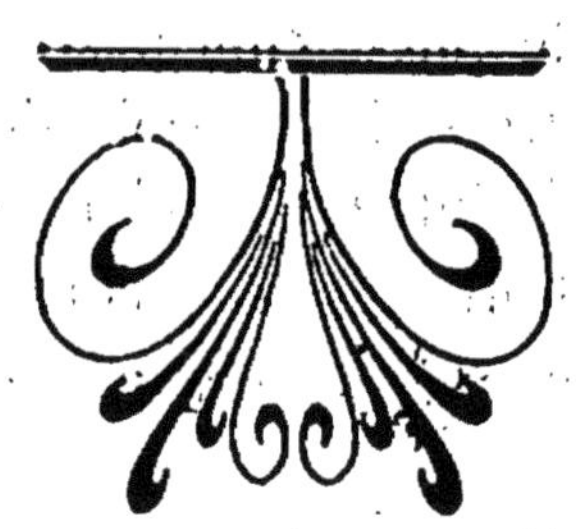

# RÉVISION

## de la Déclaration des Droits de l'Homme et du Citoyen

*votée par l'Assemblée Nationale en 1789*

## ou Principes de 1789.

C'est en France que ceci s'est passé; en France où l'on fait des déclarations, où l'on vote des principes et des lois pour ne pas les suivre.

On a fait cette déclaration *en présence et sous les auspices de l'Etre suprême*, cette vieille baderne qu'on met à toutes les sauces, cet épouvantail qui n'épou-pouvante pas même les moineaux. C'étaient déjà de bons carottiers, ceux de 1789.

Je viens de lire cette déclaration des droits de l'homme et du citoyen qui renferme aussi ses devoirs.

*Article premier. — Les hommes naissent et demeurent libres et égaux en droits. Les distinctions sociales ne peuvent être fondées que sur l'utilité commune.*

Je vous ai déjà dit que les hommes et même les femmes naissaient libres et égaux en droits.

Le mal est que les plus forts, les plus adroits, les plus voleurs, les mauvais, les bourgeois alliés aux anciennes castes, noblesse, clergé, royauté prennent toujours les droits et ceux des autres.

Ils ont eu vite fait d'établir les distinctions sociales à leur avantage et non pour l'utilité commune; ils ont eu vite fait d enlever la liberté et l'égalité aux autres hommes, en en faisant leurs bêtes de somme, leurs esclaves et en prenant l'utilité commune, les biens de la terre et les richesses pour eux seuls.

Un homme ne peut être libre que lorsqu'il peut se suffire à lui-même, subvenir par lui-même à tous ses besoins naturels par ses propres moyens ; s'il est obligé d'attendre la nourriture d'un autre homme, il n'est plus libre; il est l'homme de celui qui le nourrit: c'est le cas des 4/5 des habitants de France.

*Art. 2. — Le but de toute asssociation politique est la conservation des droits naturels et imprescriptibles de l'homme. Ces droits sont la liberté, la sûreté et la résistance à l'oppression.*

J'ajoute, moi, le droit de vie, le droit de pouvoir vivre. Car si l'on enlève les moyens de vivre par eux-mêmes aux ouvriers, aux pauvres, aux déshérités, c'est-à-dire la terre et ses biens, comment voulez-vous que ces gens vivent; de quoi, des restes des classes privilégiées et c'est tout.

Vous appelez cela une vie libre et égale; moi, je l'appelle une vie de mendiant, d'esclave.

*Les jolis droits naturels et imprescriptible de l'homme!*

Les beaux mots; comme ils me grisent bien; mais rien à mettre sous la dent avec cela! La bonne tartine, que vous en semble! braves citoyens.

*La liberté.* — Vous avez la liberté d'être les esclaves de ceux qui vous nourrissent, qui ont par ce fait tous les droits sur vous; voilà la vraie loi; voilà votre liberté!

*La propriété,* — Où est-elle la propriété? Chez les privilégiés. Où la voyez-vous, ailleurs. Les enfants du peuple on la propriété de travailler, de peiner au profit des autres, de mourir de misère, voilà leur propriété.

Leur personne ne leur appartient même pas; il faut parfois que la femme du peuple se vende pour avoir du pain. Il faut que le fils du peuple donne son sang, sa vie pour garder la propriété des privilégiés!

*La sûreté.* — Les fils du peuple ont la sûreté de défendre les biens des autres et de mourir de misère lorsque les bourgeois auront bien sucé toute leur sève de travail.

*La résistance à l'oppression.* — La société bourgeoise est fondée sur l'oppression. Tout lui appartient.

Si l'enfant du peuple veut résister à cette oppression, on lui coupe les vivres et il en meurt; on l'affame et tout est dit et l'oppression continue de plus en plus; elle sert d'exemple pour les autres qui seraient tentés de demander leurs droits.

On fait suer aux enfants du peuple par le travail forcé, par le surmenage, les millions, les hautes fortunes dont s'enorgueillissent les privilégiés.

Et ceux-ci ne se gênent pas pour montrer leur opulence à ces fils du peuple par leurs dépenses folles, leurs chars de triomphe, etc.

Ils vont jusqu'à dépenser pour un chien ou un chat

favoris des sommes folles ; leur faire faire des monuments funéraires pendant que les fils d'ouvriers périssent de misère et de privations et sont jetés en fin de compte à la fosse commune!

Je ne puis comprendre que la concience révoltée du peuple ne fasse justice de monstres pareils.

Est-ce que le jour du réveil viendra ?

Est-ce que la vraie résistance à l'oppression éclatera ?

Ce jour, cette heure, prenez-y garde, bourgeois, le peuple fera vite et vous remettra au niveau de tous.

Vous devriez ouvrir les yeux et lui remettre une partie de ce que vous lui avez pris, pendant qu'il est encore temps.

Je ne m'apitoyerai pas sur votre sort que vous aurez mérité, pas plus que vous ne vous êtes apitoyés sur le sort des autres au jour de la justice populaire.

— Je dirai : ils n'ont qu'une partie de ce qu'ils ont mérité. — Comptez un peu les morts lentes que vous avez amenées par votre rapacité. Récapitulez vos crimes sociaux et comparez. Jugez de votre punition !

*Art. 3. — Le principe de toute souveraineté réside essentiellement dans la Nation : nul corps, nul individu ne peut exercer d'autorité qui n'en émane expressément.*

Comment voulez-vous qu'il y ait souveraineté du peuple puisque les moyens de souveraineté lui sont ôtés, puisqu'il ne possède rien ou presque rien ; puisqu'il dépend, par le ventre, des privilégiés.

Quelle baliverne! Nul corps, nul individu ne peut exercer d'autorité qui n'en émane expressément ;

puisque le peuple ne compte pas, puisqu'il n'a rien, il ne peut rien !

Il n'y a que les possesseurs qui puissent exercer l'autorité.

Voyez, d'ailleurs, combien il y a d'enfants du peuple aux hautes situations ; leur avez-vous donné leur part proportionnelle à leur nombre des emplois publics bien rémunérés, honorifiques.

Vous avez tout gardé pour vous, pour les fils de bourgeois.

Les moyens d'instruction devraient être au moins égaux pour tous.

Il n'y a véritablement que le riche qui puisse s'instruire en payant. Quelques bourses élémentaires de ci de là parmi les gens du peuple.

Et puis, un fils du peuple, si intelligent qu'il soit, s'il arrive à une petite situation (c'est excessivement rare), car il a fallu que par lui-même il acquière une instruction supérieure, est obligé de prendre les principes bourgeois, de devenir bourgeois lui-même, pour conserver sa position, de favoriser les bourgeois et de renier ses pères.

Nous voyons cela journellement et mieux que cela.

Un fils du peuple arrive à être professeur, percepteur, officier, juge, avocat, avoué, etc. ; il fait partie de la bourgeoisie, flatte les instincts bourgeois, veut accaparer à son tour ; il fera donner à ses enfants l'éducation égoïste du bourgeois, l'éducation qui rapporte, au détriment des autres hommes ! En dehors de vos privilégiés vous avez même établi le favoritisme dans les emplois subalternes ! Vous régnez par l'injustice !

Voyez même les penseurs généreux, dits hauts esprits, fils du peuple ; l'esprit d'orgueil les prend aussi.

Ils veulent bien pontifier la religion nouvelle, mais ne veulent pas être mêlés aux enfants du bas peuple. Ce sont des faux-frères qui deviennent bourgeois. Qu'ils veillent sur eux-mêmes et qu'ils se répètent bien : « Tous les hommes sont égaux ».

Quoiqu'ayant la noblesse, la générosité du cœur, ils répugnent de se trouver en contact avec eux.

Croient-ils que ces enfants du bas peuple ne pensent pas comme eux ; qu'ils les interrogent donc ; comme ils verront leur intelligence dans les petites choses, les choses pratiques. Il suffit de leur tendre la main pour les élever.

Qu'ils leur demandent un programme d'état social nouveau et ils comprendront leurs aspirations justes, raisonnables.

Avec cela, ils n'auront pas besoin de se creuser le cerveau à établir des échafaudages d'édification sociale ; ils auront tous les éléments nécessaires, pratiques à l'établissement de la société nouvelle qui se formera, d'ailleurs, (si l'on veut arrêter l'évolution sociale, l'entraver), d'un seul bond, d'un seul élan qui emportera toutes les forces de réaction : rois, armées, religions, empereurs, bourgeois et privilégiés, haute finance et valets stipendiés !

Tout est escamoté dans vos principes, dans vos lois au profit des bourgeois et des privilégiés.

Prenez chaque administration à part et comptez.

Tâchez donc de me prouver que les enfants du peuple ont leur part proportionnelle d'emplois lucratifs.

C'est cette part proportionnelle dans tous les biens terrestres que nous demandons, que nous revendiquons et que nous aurons, envers et contre tous; et nous ne nous laisserons pas amuser par quelques bribes que vous lâcherez, de temps en temps, du gâteau social, politiques bourgeois.

Non, nous voulons le tout intégralement.

Gérez-le bien en attendant, sans le cacher, car nous vous en demanderons un compte exact, ainsi que de vos méfaits.

*Art. 4. — La liberté consiste à pouvoir faire ce qui ne nuit pas à autrui: ainsi l'exercice des droits naturels de chaque homme n'a de bornes que celles qui assurent aux autres membres de la société la jouissance de ces mêmes droits. Ces bornes ne peuvent être déterminées que par la loi.*

Cet article n'est qu'une définition de sens.

Il n'est appliqué qu'en apparences.

*« La liberté consiste à pouvoir faire tout ce qui ne nuit pas à autrui ».*

Celui qui veut vous nuire ne vient pas vous le dire.

Celui qui veut vous voler adroitement ou autrement ne vous avertit pas; au contraire, il se cache soigneusement, il vous tend des pièges, guette si vous tombez dedans, extorque votre signature à l'occasion, vous fait une avance pour en retirer de grands avantages.

Ce sont les moyens de tromperies, de mensonges qui sont en honneur dans la société bourgeoise, soutenue par ses institutions de justice et autres, pour gruger le peuple, lui prendre son travail ou le produit de son travail, de sa production.

Inutile d'insister, la voilà votre liberté sournoise de mal faire.

La loi laisse passer tout cela.

*Art. 5. — La loi n'a le droit de défendre que les actions nuisibles à la société. Tout ce qui n'est pas défendu par la loi ne peut être empêché, et nul ne peut être contraint à faire ce qu'elle n'ordonne pas.*

La loi est faite par les bourgeois et pour les bourgeois et non pour les ouvriers, les artisans, les paysans, les petits commerçants.

La loi bien tournée à l'occasion condamne toujours ceux-ci ; les lois se contredisent et on les applique comme on veut.

*Art. 6. — La loi est l'expression de la volonté générale. Tous les citoyens ont droit de concourir personnellement ou par leurs représentants à sa formation. Elle doit être la même pour tous, soit qu'elle protège, soit qu'elle punisse. Tous les citoyens étant égaux à ses yeux, sont également admissibles à toutes les dignités, places et emplois publics, selon leur capacité, et sans autres distinctions que celle de leurs vertus et de leurs talents ».*

*« La loi est l'expression de la volonté générale ».*

Mais non, c'est toujours le même mensonge qui continue.

Les fils du peuple sont dominés par les bourgeois ; s'ils ne votent pas selon les idées bourgeoises, leurs patrons les affament, les chassent de leurs usines, de leurs ateliers, de leurs exploitations et les obligent à mourir de faim avec leurs femmes et leurs enfants en ne leur donnant plus de travail, par conséquent plus de gagne-pain pour vivre.

Et ces pratiques sont faites aussi bien par les patrons réactionnaires que par les patrons soi-disant républicains, mais autocrates (comme ces deux qualificatifs s'assemblent bien) !

Ils peuvent se réunir ouvertement : ils font semblant devant le peuple d'être en opposition, tandis qu'ils sont syndiqués entre eux.

Le peuple n'étant pas réellement libre, ne peut voter librement et le gouvernement, à l'occasion, fait des pressions sur lui par ses fonctionnaires ; et puis le gouvernement veut aussi qu'on vote pour lui ; il a ses candidats qui se recommandent de lui.

Laissez voir ces gens-là absolument libres pendant quelques années ; punissez, recherchez continuellement tous ceux qui attentent à la liberté des autres sous ce rapport, soit par intimidation, menaces sous entendues, refus de travail, faveurs déguisées, etc.

Donnez la vraie liberté de pensée, de parole et d'écrit et puis laissez voter, chaque parti ayant son candidat.

Vous, gouvernement, ne prenez, comme tous les partis, que ceux qui vont à vous. Vous avez la grosse part avec les fonctionnaires de faveur qui ne devraient pas voter puisqu'ils sont achetés par vous !

Car, que vous importe dans tout cela que vous vous appeliez république, commune, société collectiviste ou collective, union des peuples, nations unifiées ou nation française, monarchie, etc., ces mots importent peu à la chose ;

Vous serez toujours gouvernement, chargé d'appliquer les choses générales ayant obtenu la majorité des électeurs qui auront auparavant donné un mandat écrit à leurs candidats.

Vous vous inspirerez exactement des mandats qui auront obtenu la majorité des suffrages et ce sera la loi.

Une autre idée, dans les questions qui sont simples, généralement utiles, on fera voter tout le monde ;

Ou dans les grands événements, par exemple : Une autre nation ou un autre peuple a lésé fortement votre nation ; la chose est évidente, sérieuse, essentielle pour notre vie nationale ; le lendemain tout le monde vote sur la question : *Guerre ou paix.*

Maintenant, nous sommes attaqués à l'improviste, brusquement : on ne vote pas dans ce cas-là ; tous les hommes valides courent à la défense et les femmes organisent les ravitaillements de toutes sortes et les services qui sont de leur ressort.

Vous savez qu'il y a une question que je ne veux pas voir discuter.

Egalité civile et politique de l'homme et de la femme.

On ne démontre pas des choses aussi évidentes.

On ne les discute pas.

Charges égales aussi, à moins que la femme ne soit en état d'union, chargée d'enfants.

*Tous les citoyens sont également admissibles à toutes les dignités, places et emplois publics, selon leurs capacités et sans autres distinctions que leurs vertus et leurs talents.*

Ils sont admissibles est bien dit ; mais les fils du peuple ne sont pas choisis, reçus, acceptés. Au contraire on les élimine.

Pourquoi les places, les emplois de faveur, les privilèges aux fils à papas ! Racontez-nous cela, gouvernement de la République.

Racontez toujours ; nous vous écoutons tous !

Pourquoi les recommandations partout ?

La bonne marchandise n'a pas besoin d'être recommandée.

République ! Vous êtes dirigée et conduite par les forces de réaction, de bourgeois, privilégiés et favorisés de toutes sortes qui forment bien le véritable État dans votre enveloppe d'Etat républicain.

République ! Vous n'avez pas l'âme républicaine suivant les principes de 1789 ! Vos soi-disant républicains sont des hommes vénals qui se donnent à celle qui leur donne des emplois, des faveurs, des gains, etc.!

République ! Vos administrations, vos fonctionnaires vous gouvernent à leur profit, au profit des leurs, au profit des classes riches, au détriment du vrai peuple !

Prenez garde ! Car le peuple vous confond déjà avec les anciennes royautés ! Chez vous les principes de spoliation se font d'une façon indirecte, détournée, voilà la seule différence !

Allez vers le peuple, République, vers le peuple qui vous sauve continuellement en apportant ses jeunes générations pleines d'enthousiasme vers vous !

Ne les trompez plus ; allez vers l'émancipation du peuple ou nous nous émanciperons envers et contre vous !

Nous ne voulons plus de République réactionnaire !

*Art. 7. — Nul homme ne peut être accusé, arrêté ni détenu que dans les cas déterminés par la loi, et selon les formes qu'elle a prescrites.*

*Ceux qui sollicitent, expédient, exécutent ou font exécuter des ordres arbitraires, doivent être punis : mais tout citoyen appelé ou saisi en vertu de la loi, doit obéir à l'instant ; il se rend coupable par la résistance.*

Pourquoi n'a-t-on pas arrêté le capitaine de gendar merie et les gendarmes lors de l'échauffourée du 28 juillet 1907, lorsqu'ils ont tiré sur le peuple inoffensif, sans aucune provocation ?

*Art. 8. — La loi ne doit établir que des peines strictement et évidemment nécessaires, et nul ne peut être puni qu'en vertu d'une loi établie et promulguée antérieurement au délit, et légalement appliquée.*

*Art. 9. — Tout homme est présumé innocent jusqu'à ce qu'il ait été déclaré coupable ; s'il est jugé indispensable de l'arrêter, toute rigueur qui ne serait pas nécessaire pour s'assurer de sa personne doit être sévèrement réprimée par la loi.*

Les juges appliquent la loi à leur fantaisie ; il y a tant d'articles de lois qui se contredisent qu'ils peuvent appliquer ceux qui leur conviennent, qui leur plaisent : C'est toujours la loi du bon plaisir.

Et ils violent l'équité presque continuellement.

Vous devez facilement comprendre qu'ils sont imbéciles ou incapables, pour connaître votre cas, votre faute, ne pouvant lire au dedans de vous ; ne connaissant pas vos pensées, vos actes, etc. Ils sont trompés et se trompent !

Ce qu'il y a de plus drôle, c'est qu'ils ne veulent pas convenir qu'ils sont imbéciles ou incapables dans la plupart des cas, puisqu'il n'ont pas assisté à la chose.

Essayez de leur faire comprendre cela : ils sont comme l'âne de Buridan qui reculait quand il fallait avancer !

Et puis ce serait gâter le métier que d'avouer qu'ils sont incompétents. On n'irait plus les trouver.

Ce sont des charlatans qui se vantent de choses qu'ils ne peuvent faire et souvent de sinistres charlatans, car ils condamnent très souvent des gens innocents, en font même monter à l'échafaud qui valent mieux que tous les juges de la terre réunis, car s'il fallait qu'un juge rende compte des erreurs qu'il a commises, je ne parle pas de ses erreurs volontaires, et si la société ou les individus lui demandaient réparation, il n'y pourrait suffire.

Les juges ont des idées générales comme tout le monde, et c'est toute leur science ; mais ce qu'ils ont de plus mauvais, c'est qu'ils sont figés dans leurs idées particulières de méchanceté, d'oppression contre les misérables pour garder soi-disant la société ; ils voient des fauteurs, des criminels en tout et partout, et ils sont dans le cas, lorsqu'ils auront jugé tous les gens de France et d'Angleterre, de les reprendre tous les uns après les autres, et de les juger à nouveau.

On en voit même, faute de jugements à faire, qui se jugent entre eux sans même faire comparaître le confrère. Les braves gens !

On parle de la réforme de la justice en France; il y a lieu tout simplement de balayer tous ces juges qui ne valent rien, et d'établir une société nouvelle bâtie sur des principes de justice véritable, d'équité, d'égalité, de bonté et surtout de donner une bonne éducation à tout le monde.

Et puis ne pas tant faire de lois qui se contrarient, et qui ne servent à rien, qu'à ceux qui les appliquent et les font appliquer, qu'on ne suit pas ordinairement et qu'un homme qui n'est pas homme de lois, et encore, ne connaît pas, et parconséquent ne peut pas suivre.

D'ailleurs, dans la société nouvelle les biens et revenus terrestres étant en commun, cela simplifiera énormément la justice et les lois. De bons compteurs ou comptables suffiront dans la plupart des cas pour les vérifications.

Que ferons-nous de nos anciens juges? Nous les ras semblerons avec leurs satellites. Ils se jugeront entre eux et il n'en restera bientôt plus Ou ils rentreront dans le rang des simples citoyens, car pour juger à nouveau, ils ne pourraient plus; ils se rappeleraient trop leurs anciennes formules et voudraient encore les appliquer avec leurs injustices!

*Art. 10. — Nul ne doit être inquiété pour ses opinions, mêmes religieuses pourvu que leur manifestation ne trouble pas l'ordre public établi par la loi.*

En voilà encore un bon article qui n'a jamais été appliqué, n'a pas reçu de sanction.

*Art. 11. — La libre communication des pensées et des*

*opinions est un des droits les plus précieux de l'homme; tout citoyen peut donc parler, écrire, imprimer librement, sauf à répondre de l'abus de cette liberté dans les cas déterminés par la loi.*

Oui, vous pouvez parler, écrire, imprimer librement, mais n'émettez pas d'idées nouvelles qui ne plaisent pas aux gouvernants, à moins que vous ne publiiez pas vos idées, car vous serez poursuivis arbitrairement par le gouvernement qui vous fera coffrer, bannir, emprisonner, etc.

Il faut même donner la forme aux idées par des mots caressants. Si un pauvre diable dit, voulant exprimer sa pensée bien ouvertement : « Le receveur de l'Enregistrement est une canaille ; il m'a volé en m'appliquant un tarif qu'il n'avait pas le droit d'appliquer ; il m'a volé 12 francs 50.

Quoi qu'il ait bien dit la vérité, cet homme sera poursuivi et on le vexera en lui faisant payer une amende pour avoir dit un mot injurieux. C'était pourtant bien simple, le receveur de l'Enregistrement n'avait qu'à ne pas le tromper.

Ce pauvre diable aurait dû dire, par exemple :

Monsieur le receveur de l'Enregistrement est un parfait honnête homme ; je n'ai jamais douté de sa haute honorabilité ; il m'a déchargé d'une certaine somme, de 12 francs 50, m'appliquant le tarif B au lieu du tarif A, que j'aurais toutefois préféré me voir appliquer.

Pourtant, je le remercie vivement de la peine qu'il a prise, et comme citoyen, je le félicite d'arriver à faire entrer dans les coffres de l'Etat, d'une façon aussi dis-

tinguée, l'argent que j'aurais vu toutefois, avec plaisir, rester dans ma poche.

De cette dernière façon, il n'aurait pas été poursuivi et n'aurait pas payé d'amende !

Cela fait rire. Il faut la forme, la haute forme ; il faut la caresse dans la parole ; il faut le mensonge. Du temps que vous y êtes, supprimez les mots qui vous déplaisent du vocabulaire, et remplacez-les par d'autres mots qui vous plaisent, mais qui auront toutefois un sens, qui indiqueront la chose que nous voudrons exprimer.

*C'est risible.*

« Tout citoyen peut parler librement ».

Allez devant les juges.

Demandez à causer pour vous-même par vous-même.

C'est idiot, n'est-ce pas, causer pour soi-même par soi-même !

Devrait-on avoir à demander des choses pareilles ?

Les choses se justifient par elles-mêmes, l'homme ne peut se justifier par sa propre parole ; il ne peut causer par sa propre voix !

Il lui faut pour se défendre ou attaquer la parole d'un ouvrier de la parole, avocat ou avoué et souvent les deux qui s'arrangent ordinairement avec ceux de la partie adverse pour vous faire suer le plus d'argent possible qu'ils empochent.

Et les juges applaudissent de voir nourrir ces parasites par ceux qu'ils condamnent. Le métier est bon, il n'est pas encore mort....

Vous ne pouvez dire votre affaire vous-même ; les

juges vous font trembler ; car si vous avez le malheur de dire un mot qui ne les caresse pas, ils vous condamnent !

En outre, le plus souvent ces ouvriers de la parole causent comme ils veulent sans s'occuper de ce que vous leur avez chargé de dire.

Ils disent quelquefois le contraire et si vous osez élever la voix pour réclamer vous-même, on vous ôte la parole ! et votre avocat ou avoué s'en rapporte en son âme et conscience ! Vous ne comptez plus que pour payer.

Voilà comme cela se pratique.

Quel vol et quelle fumisterie !

Aux juges, il faut causer d'une certaine manière ; ils ont peur qu'on leur dise la vérité toute nette, toute crue.

Il faut habiller les mots, les pommader, les lustrer, faire des phrases bien digestives. Il faut des hommes spéciaux pour leur causer.

Allons donc ! Si vous rendiez véritablement la justice, vous n'auriez pas si peur d'entendre certaines choses.

Vous savez que vous ne pouvez la rendre cette vraie justice, c'est pourquoi vous vous précautionnez d'avance contre la liberté de la parole humaine ; c'est pourquoi vous la baillonnez, la parole libre et franche qui vous dirait vos forfaits !

Il vous faut des habilleurs de phrases pour vous causer.

Qu'on débarrasse tous ces gens-là et vivement ; ce sont des parasites qui rongent le peuple et le dévorent !

Ils défendent même qu'on cause d'eux, paraît-il, de

leurs jugements. Pourquoi en faites-vous, alors, des jugements !

Ils en ont honte ; car ce n'est pour leurs bienfaits : quand on n'a rien à se reprocher, on n'a pas peur du soleil, de la lumière, de la parole de ses semblables, de la vérité !

Les juges et leurs hommes d'affaires, avocats, avoués, notaires, huissiers, etc., etc., se sont emparé de votre justice française au détriment de la vraie justice sociale et en ont fait leur bien à eux, leur justice. Le gouvernement les nomme. Ils se vendent leurs places comme avant la Révolution et vous nous dites qu'il y a quelque chose de changé !

C'est le vol rendu légal institué et fonctionnant ! A genoux devant, peuples ! On n'a même pas le droit de les vérifier. Ils se vérifient eux-mêmes !!! Ces braves gens. Comme ils sont bien dans leur fromage fait de pleurs, de misères, de sang humains !

Ils se tiennent la main dans la main, pour exploiter les peuples, avec les directeurs des superstitions et les porteurs d'épee, bourgeois et privilégiés déguisés en soldats !

Touchez simplement l'argent de vos traitements sans vouloir en plus dominer le peuple avec vos actes de forfaiture ! Si le gouvernement actuel avait un peu de nerf, il vous obligerait bien à marcher droit ! Le gouvernement, tas d'hypocrites, vous vous en êtes emparé ! Il n'est que temps de vous remettre dans le rang ! Le peuple votre maître, va y pourvoir !

*Art. 12. — La garantie des droits de l'homme et du*

*citoyen nécessite une force publique; cette force est donc instituée pour l'avantage de tous, et non pour l'utilité particulière de ceux auxquels elle est confiée.*

Oui, il faut une force publique destinée à protéger l'homme dans ses droits.

Mais il ne faut pas que cette force publique serve à lui enlever ses droits, serve à ceux qui lui enlèvent ses droits, soit leur soutien, leur aide, leur complice, ce qui arrive au moins dans la moitié des cas.

En outre, il ne faut pas que les enfants du peuple servent à être les domestiques de leurs chefs soldats.

Notre force publique, à nous citoyens libres, sera toute la nation, tous les hommes et toutes les femmes valides, qui auront appris, selon leurs aptitudes, les moyens de se défendre, de défendre la loi générale, l'intégrité de leur pays et de ses institutions!

*Art. 13. — Pour l'entretien de la force publique et pour les dépenses d'administration, une contribution commune est indispensable; elle doit être également répartie entre tous les citoyens, en raison de leurs facultés.*

Nous sommes d'accord sur cet article.

Cependant tous les citoyens devraient avoir les mêmes facultés de payer la contribution commune s'ils avaient les mêmes biens communs.

Dans l'état social nouveau les membres de la force publique ne seront autres que les citoyens aptes à cette chose; ils seront entretenus comme les autres membres de la nation.

*Art. 14. — Tous les citoyens ont droit de constater,*

*par eux-mêmes ou par leurs représentants, la nécessité de la contribution publique, de la consentir librement, d'en suivre l'emploi, et d'en déterminer la quotité, l'assiette, le recouvrement et la durée.*

Je remplace cet article par celui-ci :

« Tout citoyen et toute citoyenne ont un droit de contrôle, de vérification sur les dépenses publiques, sur la répartition des avantages et des charges dans la communauté.

« En cas de non accord, un vote général est demandé et c'est la majorité qui emporte gain de cause ; sa sanction ou son avis est la loi ».

*Art. 15. — La société a le droit de demander compte à tout agent public de son administration.*

Cet article est maintenu. En plus, la société a le droit et le *devoir*, etc.

*Art. 16. — Toute société dans laquelle la garantie des droits n'est pas assurée, ni la séparation des pouvoirs déterminée, n'a point de Constitution.*

C'est le cas de l'état actuel de la société en France où le désordre, l'anarchie, la désunion ont été faits au profit des classes privilégiées qui se sont emparées de tous les biens et continuent journellement l'injustice.

*Art. 17. — La propriété étant un droit inviolable et sacré, nul ne peut en être privé, si ce n'est lorsque la nécessité publique l'exige évidemment, et sous la condition d'une juste et préalable indemnité.*

Je remplace cet article par celui-ci :

« La propriété commune existera seule ; chacun aura sa part des avantages qui en résulteront suivant son unité.

« La nation sera seule la grande propriétaire de la terre, des biens de la terre, des usines, du commerce international, etc. ; mais chaque citoyen aura sa part des revenus de la terre, de ses biens, des usines, du commerce international, etc., mais après défalcation faite de toutes les dépenses nécessitées pour le bon fonctionnement de toutes ces choses, l'entretien de tous.

Si la société le juge utile, tous les citoyens et citoyennes voteront sur la nécessité d'établir des réserves pour l'avenir. Ces réserves avec la terre, ses biens, etc. formeront la fortune publique nationale.

« Tout vol, par la guerre ou outrement, ne pourra être fait au nom de la nation collectiviste.

« Si la nation a besoin de terres nouvelles pour le placement de ses enfants, d'industries nouvelles, elle pourra les acheter aux nations ou peuples qui voudront bien les lui rendre ».

*Art. 18. — La nation collective respectera la liberté de chacun.*

*Elle pourra admettre dans son sein des citoyens libres d'autres nations, mais à la condition que ceux-ci prouveront à la communauté qu'ils lui apportent plus qu'ils ne reçoivent et sont dignes. Dans ces conditions, elle les protègera et pourra, au bout d'un certain temps, les adopter.*

*Art. 19. — Elle relèguera à part les citoyens criminels ; elle punira les malfaiteurs et, si les fautes sont très graves, elle pourra aussi les reléguer.*

*Art. 20. — Chacun aura le devoir de concourir à la bonne marche de l'œuvre commune par son travail et tous les bons moyens en son pouvoir. Le peuple fera lui-même sa police.*

Nous saperons les superstitions, les chimères et nous tâcherons de tourner l'esprit de l'homme vers la vraie fraternité humaine qui est la seule religion vraie, utile.

En supprimant le besoin, nous aurons supprimé la plupart des vices ! Car c'est le mal qui fait faire le mal ! Et la cité future d'union, de concorde, d'amitié, de travail commun ne ressemblera en rien à la société actuelle de classes de haine, de vol, d'oppression !

Ceux qui voudront être heureux n'auront qu'à le vouloir. Ils ne seront plus pourchassés par les avides voleurs de la société actuelle ! Ils ne seront plus talonnés par le besoin, l'intérêt et tous les vices qui leur font cortège comme des fils dévoués : le vol, le meurtre, la prostitution, le mensonge, l'hypocrisie, les faux senments, etc., etc.

Les peuples ne se voleront plus entre eux par la guerre. Nous n'avons pas besoin de vertus guerrières. Il nous faut surtout des vertus pacifiques.

De cette façon je ne doute pas un seul instant de voir la nation prospère avancer à pas de géant dans le progrès, la vraie civilisation ; de voir les nouvelles générations avoir le culte de leurs ancêtres qui leur auront procuré, avec le bien-être, un état social envié des autres peuples ; ceux-ci ne tarderont pas à suivre l'exemple.

Il pourra, après expérience, être fait une union avec eux.

Les enfants de France ont toujours donné l'exemple du désintéressement lorsqu'il s'est agi de la propagation d'idées nobles, généreuses.

Espérons qu'ils seront encore les premiers dans la marche en avant de la civilisation que je leur propose dans cette petite étude, que je ferai suivre d'autres pour apporter ma pierre à l'édifice social que beaucoup d'esprits généreux veulent reconstruire et édifier sur des bases humaines !

Nous avons vu les droits de l'homme et du citoyen.

Nous voyons continuellement et journellement comme les principes de 1789 ont été annihilés par la société bourgeoise unie aux anciens privilégiés.

Ces principes ne sont que des formules inappliquées !

*C'est un grand exemple pour nous.*

Admettons que la société bourgeoise ait voulu retourner en arrière dans la civilisation des peuples ; ait eu un entendement véritable avec les anciens privilégiés pour laisser le peuple complètement dans l'ignorance pendant vingt années seulement, en supprimant les écoles, le peuple aurait pu être de nouveau mis sous le joug, dans l'esclavage ; nous serions retournés à la barbarie antique, au moyen-âge, à la superstition absolue.

Mais ces gens-là ne se sont pas entendus ; ils ne voulaient, surtout la bourgeoisie, que de l'argent et les biens terrestres.

Les autres privilégiés demandaient, outre la fortune, la haute domination sur le peuple et la bourgeoisie.

Ils voulaient une prépondérance sur la bourgeoisie.

D'où leur antagonisme, leur manque d'accord dans l'oppression complète du peuple.

Maintenant, il n'est plus temps, messieurs, les fils du peuple sont pauvres, misérables ; mais ils ont conscience de leur bon droit, de leur nombre ; ils se sont instruits quelque peu et quelques uns d'entre eux dédaignant d'être des bourgeois eux-mêmes, dédaignant la fortune pour eux et leurs enfants, dédaignant d'être les complices des bourgeois et privilégiés en affamant le peuple pour avoir quelque bien, quelque argent de plus, ces fils du peuple, instruits, éduqués par eux-mêmes ont dit aux bourgeois, aux privilégiés et au gouvernement lui-même :

Halte-là ! vous ne passerez plus pour écraser, pressurer ces ouvriers, ces artisans, ces paysans, ces petits commerçants et travailleurs de toutes sortes.

Ils sont vos égaux. Nous les défendons, nous les éduquons : nous allons les diriger directement à l'indépendance matérielle, morale, intellectuelle. A la plus grande indépendance possible et vous leur rendrez tout ce que uous leur avez pris. Tout, absolument tout, moins leurs souffrances, leurs larmes !

L'heure est venue ! Vous le sentez vous-mêmes ; tâchez de la rendre moins amère !

Oui, l'heure est venue, malgré votre alliance avec ces vils fils du peuple que vous graissez, que vous embourgeoisez et qui n'ont pas honte d'être vos chiens de garde. Que vous corrompez par de l'argent, de hauts emplois ; ils se regardent vivre, comme vous maintenant, ces fils du peuple embourgeoisés.

Ils ne peuvent vous sauver ; ils sont corrompus comme vous ; la vraie sève de l'homme naturel, dur, ne coule plus en eux.

Je vous préviens qu'ils ne sont pas réunis avec vous, malgré vos ruses, vos hypocrisies, vos mensonges, vos forfaitures, capables de lutter.

Voyez-vous, ils sont par comparaison, comme les chiens.

Admettons qu'ils soient les chiens et nous les loups. Les chiens sont bien repus et les loups sont affamés. Nous allons à l'assaut, si vous ne voulez partager de bonne volonté.

Nous sommes le nombre, la force irrésistible !

Nous nous emparons complètement du gouvernement en votant tous, sans exception, pour des hommes à nous dévoués.

Nous faisons les lois auxquelles vous obéirez comme nous. C'est simple, n'est-ce pas, cela ?

Vous pouvez chercher des chiens parmi le peuple, leur prodiguer votre or, vous ne réussirez pas ; beaucoup que vous aurez essayé de corrompre, prendront votre or pour le retourner contre vous.

Vous n'êtes pas sots, vous devez saisir cela.

Maintenant, si vous essayez d'un coup de force traîtreusement contre nous, nous rappellerons nos fils soldats auprès de nous pour venir défendre leurs droits et les nôtres.

Vous pourrez les changer de garnisons. Ils sont tous de notre famille française ; ils ne vous aideront pas à les asservir eux-mêmes avec nous !

Nous vous retirons la domination des enfants du peuple parce que vous les avez rendus vicieux presque autant que vous.

Votre esprit de lucre, de possession de toutes choses, vous a amenés à tous les crimes.

Ensuite pour satisfaire vos plaisirs, vous n'avez rien respecté en vos semblables ; vous en avez fait les jouets de vos passions ; vous les avez corrompus, prostitués, avilis de toutes les façons.

Votre société est bâtie sur le vol que vous avez fait aux autres hommes de leur part de biens ;

Sur le mensonge, l'hypocrisie, la cruauté, la méchanceté, la corruption.

Il est temps de vous retirer la direction de cette société ; car votre exemple n'a déjà que trop dépravé d'enfants du peuple et parceque vous usez de la vie des hommes ; vous prenez leur sève de vie pour votre profit, vos satisfactions pour ne rendre que les cadavres !

Vous êtes indignes !

Vous aurez conscience de votre indignité lorsque vous aurez quelque peu souffert de la misère morale et physique, comme les enfants du peuple !

Alors, vous comprendrez seulement !

Pour vous aussi arrivera la rénovation, le rachat de vous-mêmes, de votre âme !

La vraie bonté et le véritable amour fleuriront aussi chez vous, vous serez régénérés !

Et maintenant dites adieu de vous-mêmes à votre suprématie sur les enfants du peuple ; aucune force ne pourra vous la rendre ; l'esprit d'esclavage disparaît et bientôt n existera plus qu'à l'état de cauchemar !

L'Emancipation approche. Recueillons-nous, enfants du peuple, avant la lutte suprême ! Ouvrons bien notre esprit, notre cœur aux idées nouvelles d'humanité, d'amour !

Qu'une lumière intérieure de vérité nous éclaire ; l'aurore de la liberté, de l'égalité, de la vraie fraternité apparaîtra bientôt. Mais il faut que nous la voulions bien, fermement, envers et contre tous, dans un élan d'ensemble parfait, sans nous laisser distraire par quoi que ce soit au monde ;

Quand même nous verrions les montagnes s'entre-choquer, les flots de la mer déborder, les éléments en perturbation, rien ne doit nous distraire de notre but :

L'émancipation de la race humaine !

L'émancipation de l'esprit humain !

La vie digne à tous !

J'entendais une fois un enfant du peuple, un des défenseurs des classes privilégiées par profession, crier, devant la foule assemblée :

— Où allons-nous ! Où allons-nous !

— Nous allons te donner un autre métier à toi-même, un métier qui te nourrisse, afin que tu n'ailles plus mendier continuellement ;

Nous allons t'émanciper, pauvre illusionné, pauvre enfant du peuple pour servir les grands de la terre, pour prêcher une morale quelconque à leur profit ; puisqu'ils te nourrissent, tu leur as aussi vendu inconsciemmment ton esprit, ton cœur, ton âme ! pour pouvoir vivre de la vie du corps !!!

Laisse-les. — Nous allons t'admettre dans la cité

nouvelle qui te mettra à l'abri du besoin toute ta vie et te fera une vie de dignité.

Tu pourras affranchir ton esprit et le cultiver suivant ta nature, ta raison !

Nous allons assurer la vie, la vie toute entière à chaque être humain ; nous allons lui enlever l'appréhension de la maladie, du chômage, des infirmités, de la vieillesse !

Nous allons supprimer presque toutes les causes de crimes, de méfaits dans la société, en enlevant à l'homme le souci de ses besoins matériels et de son intérêt personnel, à la condition qu'il travaille et fasse son possible dans la société nouvelle !

Nous allons affranchir son esprit qu'il pourra cultiver librement !

Nous allons fonder la vraie fraternité, suis-nous. Nous sommes la vraie humanité humaine en marche. Avant un siècle, nous aurons réuni tous les hommes en une seule et grande famille.

Les nations seront fédérées par quelques grands sentiments mis en pratique pour le bonheur de tous.

Allons ! en avant ! les fils du peuple, à la conquête de vos libertés, de vos droits !

A la conquête de l'assurance de votre vie entière !

Laissez de côté les choses qui divisent ;

Réunissez-vous malgré que vous n'ayiez pas tous les mêmes idées pour l'application des lois nouvelles qui régiront l'humanité ou votre nation.

Réunissez-vous tous pour le bien.

*(Aucun homme sur terre ne ressemble complètement*

*physiquement, moralement à un autre homme). Céla ne les empêche pas de se mettre d'accord, s'ils le veulent, parce qu'ils sont raisonnables).*

Votre raison, à vous, vous dicte de vous allier tous en un seul *faisceau indestructible* pour avoir votre part exacte dans la société.

Suivez votre raison. Il n'y a plus de nuances, de rouges, de blancs, de jaunes, etc. ; il y a seulement tous les enfants du peuple réunis et partant à la conquête de leurs droits, de leur dû !

Que chaque nation fasse à sa façon la justice chez elle et s'organise dans la cité nouvelle, sans s'occuper des autres nations pour le moment.

L'union des nations se fera plus tard.

Montrons l'exemple, les autres suivront !

Et de cœur, enfants du peuple, embrassons-nous tous pour la lutte suprême !

En avant ! vers l'émancipation !

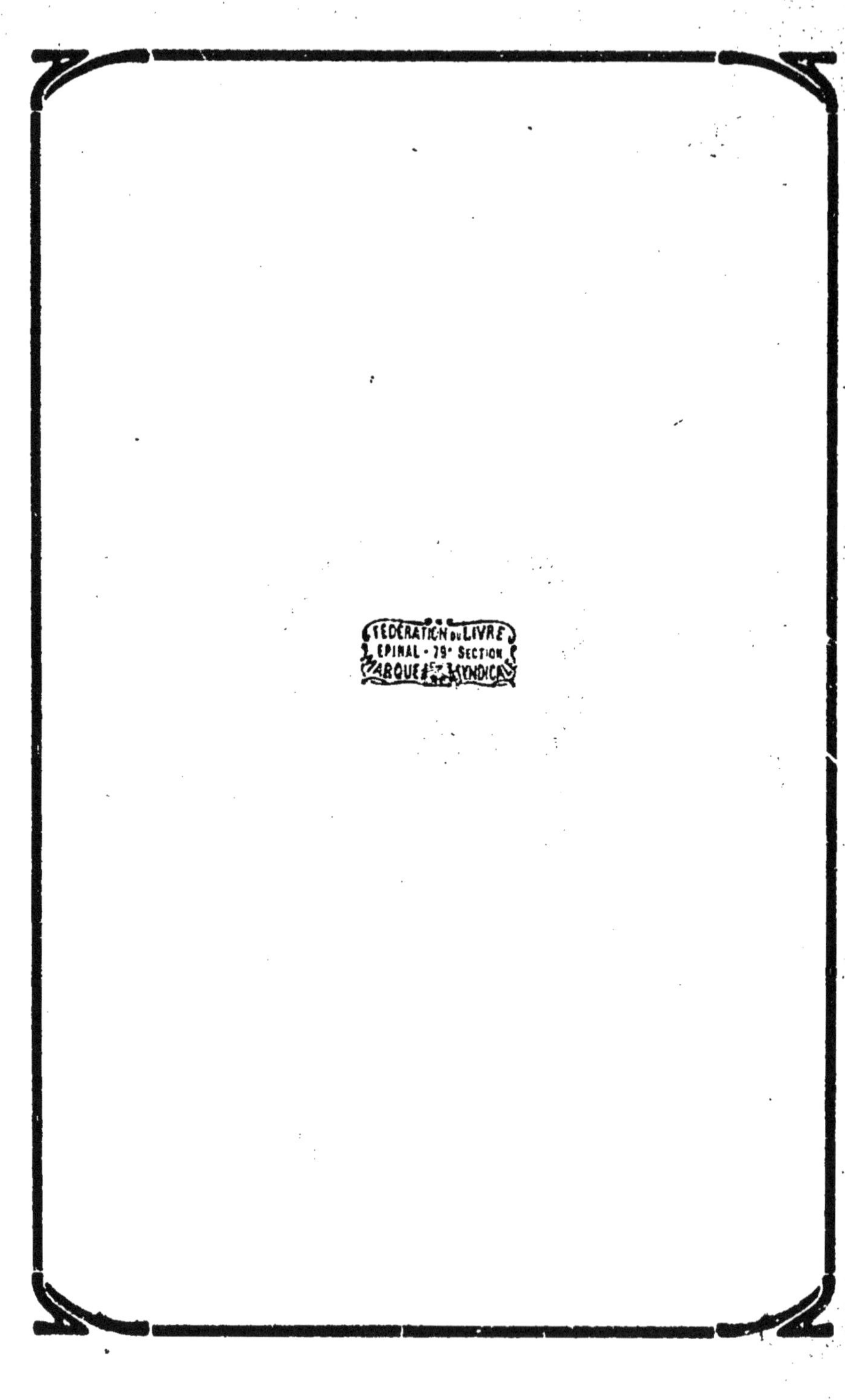
FÉDÉRATION DU LIVRE
EPINAL · 79e SECTION
MARQUE SYNDICALE

www.ingramcontent.com/pod-product-compliance
Ingram Content Group UK Ltd.
Pitfield, Milton Keynes, MK11 3LW, UK
UKHW021058270726
13994UKWH00009B/693

9 782019 718626